ハッピー・インターセッサー

とりなしの祈り手の使命

ベニー・ジョンソン

Originally published in English under the title
the Happy Intercessor Published by Destiny Image,
167 Walnut Bottom Rd Shippensburgh
PA17257.0310 USA

目次

序文

本の序文を担当することはすばらしい栄誉です。メッセージの内容を著者が実践しているのを見るときには、特にそうです。しかし、今回ほどの栄誉にあずかったことは、ほかにありません。私の妻が本書の著者だからです。

旅行中にベニーを紹介したり、教えのＣＤを宣伝したりするときには、「ベニーはまさに不思議としるしです。彼女は幸せなとりなし手だからです。」と言います。この発言は聴衆の笑いを誘います。なぜかというと一般の教会では、とりなし手になるには、厳しい、寛容のない、憂鬱な人格が必要だと思われているからです。ここで神経質な笑いが起こるのは、「そうでなかったら良いのに」という願望が人々のうちにあるからです。

しかし私たちの教会は、とりなし手が憂鬱になる必要はない、そうであってはならないという真実を発見しました。

ベニーがとりなし手として召されているという預言を聞いたとき、私もそこにいました。私たちは二人とも、それまでの経験から、とりなし手だけにはなりたくないと思っていました。とりなし手たちが負っている「重荷」と呼ばれるものの多くは、実は鬱に過ぎないことが後でわかってきました。そのイメージによって、とりなし手に魅力を感じなかったわけですが、神の召しを拒むわけにはいかないとわかっていました。

ベニーはある時点から、陰に隠れた臆病な人から、大胆に前に出て指導する人へと変貌を遂げました。一夜にしてそれは起こりました。トロントで主との出会いを体験し、激しく震え続けたのです。見ていて畏れに包まれるような驚くべき体験でした。人を恐れる臆病さは、彼女からすべて振るい落とされました。勇敢な雌ライオンが誕生したのです。

ベニーのとりなしの旅は、最高の道のりとして始まりました。彼女はまず、何よりも神を愛する人です。すべての学びの根底に、神への愛があります。打ち破りをもたらす鍵が何であるかわからないときにも、時間を取って神を愛することはできます。それがベニーの物語です。

その洞察と体験は真実で深遠なものですが、もっと力が欲しいから学んだことではありません。息ある限り、神を知り、愛したいという願いを動機として学んできたのです。ただひたすら神を愛すること、それこそが効果的な祈りの秘訣であると信じます。神を愛するためには、協力関係において成長しなければならないからです。

そして神に祈るだけでなく、神とともに祈ることは、何よりも楽しいことなのです。

ビル・ジョンソン

第一章　とりなし手になるまでの道のり

　私はずっととりなし手であったわけではありません。しかし、二〇年以上も前、初めてある言葉が、どのように私に語られたのか、今でも覚えています。夫のビルとカリフォルニアのウィーバービルで小さな教会を牧会していました。私たちは友人で、預言の働きをしていたディック・ジョイスに、教会でミニストリーを行なってほしいと頼んでありました。当日、ディックは私を会衆の前に呼び出して、預言の言葉を次のように語りました。

「あなたはとりなしの祈りへと召されています。今すぐではありません。しかしその時期はやってきます。」

　今でも覚えていますが、その言葉を受け取るまでに主にこう祈ったのです。

「私はどのような賜物も受け取ります。でもとりなしの祈りだけはいただけません。」

それなのに、ディックがそれらの言葉を語った時も、私はさして驚かなかったのを記憶しています。それはまるで、私の心が、それがやってくるのを既に知っていたかのようでした。その時点でディックが語った「今すぐではなく、その時期がやってくる」という言葉は、実にホッとさせるものがありました。なぜなら、私はその時点では、とりなし手になりたくなかったからです。預言的な言葉というものを、時に「棚の上に」しばらくの間置いておかなければならないこともあるということを知っていました。以前誰かに、しっくりこないと思う預言の言葉を受け取ったなら、それが現実となる時が来るまで、「それらの言葉を棚に上げて、しまい込んでおくといいのだ」と言われたことがあったのです。私はそれらが自分に与えられた言葉だと分かっていました。ただ「その時」はまだ来ていませんでした。まずとりなしの祈りというものを本当に理解する必要があったのです。

私がどうして主にとりなしの賜物を欲しくないなどと祈ったのか、と疑問に思われているかもしれませんが、実を言うと、私の育った教会では「とりなし手」と呼ばれていた人たちが、あまり幸せそうではなかったのです。狭い私見では、とりなし手の人たちはみな、ひどい重荷を背負っているかのような面持ちで歩きまわる人々に見えました。とりなし手はいつも悲しそうにしていて、笑顔でいるところなど見た覚えがなかったのです。

私は成長するにつれ、「とりなしの祈り手にはなりたくない」と考えるようになりました。それまで見てきた人たちがそうであったため、とりなし手になったら、常に重荷を背負っていなければならないと思いながら大きくなっていったのです。とりなし手たちが幸せになれるとは思えませんでした。私には学ぶべきことが、まだ沢山あったのです。

寡黙な人

長い間、私は自分がとりなし手であるということを知りませんでした。いま思い返してみると、様々なしるしを見ることができます。例えば、内側に様々な感情を抱えながら、長い時間を過ごし、それらの感情をまるで自分のものであるかのように内に秘めていました。例えば、私はよく人でいっぱいの部屋に入ると、人々の、それもしばしば否定的な考えを感じたり、耳にしたりしていました。

私は自分の体験していた感情が、聖書のいう「霊の見分け」というものであるという自覚がなかったため、それらのやっかいな感情を祈りによって取り除くということをせず、自分のものにしていました。結果として、私は気が滅入ってしまい、「寡黙な人」になったのです。

子どもの頃の私は恥ずかしがり屋であると言われていました。両親がそう言ったのではありませんが、周囲がそう思っていたのです。残念なことに、あまりにも多くの人たちが繰り返し私を内気であると言ったため、私自身も自分が内気であると思い始めました。私はそれらの言葉を真実として受け止めました。それらの言葉に同意し、自分のアイデンティティーとして受け入れたのです。

悲しいことに内気であるということが、やがて私の生活を支配する心の中の要塞となっていきました。私はあまりにも人が怖くて、大きな声で話をすることが出来なくなっていたのを覚えています。間違ったことを言うのが怖く、話の途中に何を言おうとしていたのかを忘れるのが恐ろしかったのです。また、人前で話すのは実に苦痛だったのを覚えています。当時の私にとっては、口頭試験で不可をとる方が、人前に立つよりもよかったのです。

神様との歩み

母によると、私は小さな頃から何に関しても、母に祈ってほしいと頼んだそうです。どこかが痛かったりする時、または近所の子どもがけがをした時なども母に祈ってほしいと頼んでいました。その頃は、それが自分に与えられていた憐れみの賜物だとは思ってもみませんでした。

母に祈ってもらうことで、私はそれらの祈りの課題である事柄から解放されていました。祈れば、自分の感情を解き放つ助けとなり、それらの思いを神に委ねられたのです。私は相手が知らない人であっても、人々の気持ちや、抱えている状況などを感じ取ることがありました。時には、私の周りにいる人たちの言い表されていない思いや感情まで分かってしまうことがありました。

思春期に入っても、私はこういった自分のものではない、他の人たちの多くの思いに捕らわれていました。問題だったのは、祈ることを止めてしまっていたことです。私はこれらの思いをどのように取り扱えばいいのかを忘れてしまっていたため、それらを自分のものとして抱え込みました。その結果、神との歩みの初期に、うつ状態が何度ももたらされることになりました。

感謝なことに、一六歳になった時、私は人生を変える神との出会いを経験しました。その出会いの前の二年間、私は自分の好きなように生き、思いのまま行動しており、その結果、絶望することになったのです。ある晩、教会で「神に人生を明け渡すために進み出る人はいないか」という呼びかけがありました。わたしはそうしました。そして、すべてを吐き出しました。その夜、主の御前に出て、「私の望みはあなただけです」と叫んだのを覚えています。私は主に、私の人生を受け取ってくださいと願い出たのです。

そして、主はそうして下さいました。

その出会いの後、私は祈らないでは何もしませんでした。自分の祈りの小部屋に行って、その扉を開け、その日何を着るべきかをさえ聞いたのです。しかし、私はまだ自分の賜物が何なのか、そしてどのように祈れば良いかが分かっていませんでした。このように生活の一部において神との素晴らしい時期を過ごしていてもなお、私は自分の内側で感じていることや、周囲から感じ取っていることを主に委ねるということをしていませんでした。私は感情を内面化させるということを続けていました。私には内側で感じている気持ちや、周囲から感じ取っているものが、祈らなくてはならない事柄であると教えてくれる人が一人もいませんでした。

一七歳になった時、九か月間、弟子訓練センターというところに滞在しました。私のルームメイトの一人は精神的に不安定でした。私は彼女の状態を感じ取ってしまうため、随分と心配しました。しかし、自分が彼女の感情を感じ取っているということに気付かなかったのです。ある日、彼女と部屋にいたときのことです。私たちはベッドの上に座っていました。とても強い絶望感が私を襲い、生きることを諦めたくなるような気持になったのを覚えています。しかし私は、かつて自分も経験したことのある、そしてその時ルームメイトが経験していた心の苦しみを自分が拾っているなどとは思わなかったのです。私はこれらの苦しい感情をどうすればよいのか分かりませんでした。神が彼女のために祈るべきだということを、私に見せて下さっていることが分からなかったのです。

ローマ人への手紙八章二八節にはこう書かれています。

神を愛する人々、すなわち、神のご計画に従って召された人々のためには、神がすべてのことを働かせて益としてくださることを、私たちは知っています。

何年も後になって、ミニストリーのために働き始めてから、神が私を本当に召しておられる現在の働きのことを教えようとして、私の過去の経験をお許しになったのだと理解するようになりました。

妻、そして母親として

一九六九年、私は夫のビルに、まだ彼の父が牧師をしているときに、ベテル教会で出会いました。私たちが出会ったのはジーザス・ムーブメントの時期で、その中で私たちは結婚し、ベテル教会で五年間スタッフとして過ごし、後にカリフォルニア州ウォーレンビルの山中にある小さな教会を牧会することになりました。私には祈りの生活がありました。ただ、それは普通の祈りの生活でした。私は子供たちや家族のため、それから教会で起こっている事のために祈っていました。私が祈っていたのは、それが私の仕事だと思っていたからです。私は聖霊との関わりから生まれる祈りを捧げていたわけではありませんでした。

ウォーレンビルに住んでいる頃、私はそのほとんどの時期を幼い子供たちの母親として過ごしていました。私にとって祈る時間を見つけるのはとても難しいことでした。祈りの時間は、大抵お茶碗を洗っている時とか、そうでなければ、聖書を読んで祈るためにとても早い時間に起きなければなりませんでした。正直言って、それは願いというよりも義務のようなものだったのです。

私の中の奥深い所では、まだ神様と共にありたいと心から願う思いがありました。けれども、忙しいスケジュールの中では、より深い所へと進んでいく招きに応える時間を作ることはありませんでした。今思い返すと、あの時、神と共にあるより深い場所へと導かれていたことが分かります。しかし、私はそこがどこなのか、どうすればそこへ行けるのかを知りませんでした。

そして、リニューアルが訪れたのです。

新しくされた人生

一九九五年、ウォーレンビルの私たちの教会にリニューアルが訪れました。それはとても力づけられる、喜びの溢れる時期でした。また、聖霊が私の心を強く動かし、本来の私自身であるために、心を解き放たれた時でもありました。全く新しい季節がやって来ようとしていました。私は、この心を強く動かされていた時期、私の人生を変えてしまう言葉が神様に語られていることを感じました。そして次の言葉を耳にしたのです。「私はあなたが喜びととりなしを担い、それを伝えて行ってほしい。」これに対する私の最初の思いは「そんなことできるのだろうか？」というものでした。私はまだとりなしをする生活を、憂鬱な生き方だと思っていたのです。

リニューアルと共に、人々は本当に自由にされていきました。私はこの時期、人生を変える神との出会いを二つ経験しました。その一つはトロントのジョンとキャロル・アーノット夫妻の牧会するトロント・エアポート・クリスチャン・フェローシップ（ＴＡＣＦ）で起こったのでした。両親、夫、そして私はそこで、当時ＴＡＣＦに起こっていた聖霊の注ぎの鼓動ともいえる「御父の祝福」についてのカンファレンスに出席していました。

ある集会後、ビルと私は席を立ち、会場の後方へと歩いて行きました。そこでは人々が床のあちこちに倒れていて、笑ったり、聖霊に酔いしれたりしていました。使徒の働き二章一五節にはこうあります。「今は朝の九時ですから、あなたがたの思っているようにこの人たちは酔っているのではありません。」聖霊の力が弟子たちを打った時、彼らは酔っているように見え、また酔っているかのように振舞ったのです。あなたは酔っている人が、その時の自分の振る舞いについて、他の人たちがどう思っているのかなど、まるで気にしていないのに気付いたことがありますか。まさにそんな人が、その晩、その集会にいたのです。

私たちはふらふらとした足取りで後ろの方を動き回りながら、人々に手を置いて回る男性に気付きました。彼がそうすると、人々は床に倒れていくのです。神はその男性を聖霊の導きのままに用いておられました。ある人たちは聖霊の笑いによって笑い、また他の人たちは聖霊の力に触れられ、震えていました。私はその男性を見つめ、そして彼と目が合いました。その人は私の方に向かってきました。私はその時、夫のビルと腕を組んでいたのですが、その男性は私のところに来て、指一本で私の腕に触れました。すると、すぐに私は床に倒れ、聖霊の力の下で激しく震えはじめました。ビルは私から手を離さなくてはなりませんでした。約二〇分くらいでしょうか、私はとても強く震え続けました。一度、一人の女性が私のところに来て、大丈夫かと聞きました。私は大丈夫だと伝えました。するとその女性は、「では主よ、もっと触れて下さい」と言ったのです。私はまた震えはじめました。ようやく、少し震えがおさまり始め、立ち上がることができるようになりましたが、部屋に戻るには人の助けが必要でした。

翌日、私たちは朝のセッションに向かいました。講師が天の父の愛について何か話し始めた時、私は神の臨在を感じて泣き出してしまいました。主に前夜に起こったことを訊ねました。

「あれにはいったいどんな意味があるのですか?」

するとのようなことばを聞いたのです。

「私はあなたの心の要塞を、あなたの中から振るい落とし、本来のあなたを生まれさせていたのです。」

その日から、私を動かしていた恐れは去りました。要塞は打ち砕かれたのです。私はその特異な神との出会いを通して、別の人になったのでした。とはいえ、悪魔は座ってくつろぎながら「ああ、彼女を誘惑することはもうできない」などと言うわけはありません。むしろ、また私のところにやってきて、契約を結ぼうとします。悪魔は私に古い生活パターンを受け入れるよう促すのです。私たちがそれを受け入れるや否や、彼は支配権を手にします。悪魔はなじみの霊を私たちの心に近づけ、古い考えに及ぶように促します。けれども、今となっては、私たちは超自然の力によって備えられていますから、その促しに「ＮＯ」と言うことができるのです。

ですから、自己憐憫のような馴染みの思いがやってきて、「そう、自分は結局そんな者だ」と言わせようとする時、心の要塞はもはや取り除かれたのですから、私たちは「いや、違う、私はそういう者ではない」と言うことができるのです。私は神が悪魔の嘘に立ち向かい、人生を生きていくための力の武器と強さを与えて下さったように感じました。

トロントでの経験のすぐ後、私はもう一つの人生を変える体験をしました。私はカリフォルニア州のシャスタ山で開かれた婦人の為の修養会に参加していました。賛美礼拝の時、私は部屋の後方に座っていたのを覚えています。私は自分のことをあれこれ考えていたのですが、その時に聖霊が心に働きかけられ、泣きはじめました。そして、それは心の奥底から湧きだすような涙でした。友人の一人が私のところに来て、大丈夫ですか、今起こっていることが何なのかが分かっていますか、と訊ねてくれました。私は、それが神から来ていることで、心の奥底で何かが私に起こっているのだということは分かっていました。私は泣きやむことができませんでした。そのうち私は何かが自分から引き抜かれたように感じ始めました。そしてその何かが自分の中で動き始めたようにも感じました。

その夜以後、何もかもが変わり始めました。私は自分の人格が変化を遂げ、まるで新しい人になったように感じました。大胆さが私の心に生まれていました。

その後の数カ月の間、私にできたことといえば、泣くことばかりでした。それは悲しみの涙ではなく、私が見つけた新しい愛から来るものでした。神が良い方であると考えるだけで、また神が何をして下さっているのかを誰かに聞かされるだけで、終いにはイエスという名前を耳にするだけで、私は泣き始めていました。私は聖霊に夢中になっていたのです。

リニューアルが私の信仰を新しくし、御父の心が注がれたので、私は他の多くの人たちと同様に、主の驚くべき臨在に浸っていました。私は深く、親しい主との交わりに身を置きました。それは信徒としての歩みの中で一度も経験したことのないことでした。私は教会で育ち、神を愛するということしか知らなかったのです。それでも、これは初めての体験でした。最初は、恐れを感じました。というのもその体験があまりにも深く、強烈なものだったからです。私は大丈夫だろうかと自問しました。誰もこのことについて話してくれた人はいなかったのです。いったいこの体験は何だったのでしょう。

主との関わりにおいて、この新しい段階の自由を経験するまでは、グループの活動や聖書研究の学びを導くことは私にとって大変な苦痛でした。しかし、それは大きな変化を遂げ始めました。私は自分自身を全く違う人として捉え始めました。私は自分を内気で、内向的な人間だとは思わなくなったのです。人が自分をどう思っているかが気にならなくなりました。突然立ち上がってイエスのことを話したり、証したり、神が何をして下さっているかについて話すことが、本当に容易くなったのです。人々の前に立って話をすることが苦痛ではなくなり、解放感がありました。私は、聖書研究やグループでの活動に参加している人たちと同様に、まるで聖霊の宴にでも参加しているかのように感じていました。誰もが自由になり、喜びに満たされていたのです。

喜びととりなしを担って

この時点で私の祈りの生活は大きく変わり始めました。私の祈りは何かを頼んだりする祈りばかりではなく、ただ主と共にいたいと願うものになりました。私はただ主を礼拝し、祈りの度に一時間、またはそれ以上過ごすようになっていました。音楽は私の生活を新しくする上で重要な働きをしました。礼拝音楽というツールを通して、容易く主の臨在の中に入ることができたのです。それで、ＣＤをかけ、神の臨在の中に座り、主との時間を楽しむようになりました。主の臨在は私の中の深い所、内なる霊の中にあったのです。

これはウォーレンビルにいる間、一年ほど続き、その後私たちはベテル教会を牧会するためにレディングという町に移り住みました。このリニューアルの過程の中で、私はずっと主の臨在を楽しんでいました。私はこの間、主だけを、主と共にあることだけを楽しんでいました。この過程の中で、私は特異な体験をするようになりました。いろんな人の顔が目に浮かぶようになり、街々を見るようになりました。様々な状況や問題が見え、親しい交わりの外に自分を見出すようになって、それらの見えている事柄についての解決を懇願するようになっていったのです。

ある日のことですが、私は神が見せて下さったことについてこう祈ったのを覚えています。「ああ、神様、それは素晴らしいことです。どうぞそこに行って、その御業をなさってください」それは何とも新しい経験でした。神のおられる深い所に行くという経験でした。私はその時、自分があるべき本当のとりなしというものを経験していたのだということに気付いていませんでした。正直なところ、私は図らずも、そういう体験をしてしまった、という感じだったのです。

その頃、ベテル教会はリニューアルに向かって動き始めていました。ある晩、主人が会衆に、新しくされ、リフレッシュされるように祈りましょうと呼びかけた時に、それは起こりました。たくさんの人たちが前に進み出て、私たちは彼らのために祈り始めました。私たちはある婦人のために祈ろうとその人に近づきました。私はこの女性を今、捉えて下さいとだけ祈ることしかできませんでした。私と主人は顔を見合わせて「これだ」と言いました。私たち二人はリニューアルがベテルにやってきたことを、そしてこの教会が決して同じ教会ではいられなくなったことを知ったのです。私はその女性のご主人に向かってこう言いました。「彼女はもう同じ人ではなくなりますよ」。思い返すと、彼女は確かに同じ人ではなくなったし、また教会も同じ教会ではなくなったのです。

その女性の人生にはすぐに変化が訪れました。彼女は牧師夫人たちに対して心を開くことができず、決して話をしに来ることがなかったのです。その夜、彼女は私のところにまっすぐやってきて、神が何をして下さったのかについて話し始めました。それまで御父の腕の中に身を置くことなど決してできず、主に愛していただくことができなかったけれど、その夜はそれが起こったと話してくれました。そのような神の愛を感じて、彼女の人生は全く変えられたのでした。

その後、たくさんの人たちが神に触れられていきました。日曜日の夜の集会の後は、多くの人たちが祈ってもらうために列を作り、彼らが聖霊に触れられて倒れるのを目にすることになったのです。神に触れられる体験をした後、人々は全く変えられていきました。彼らの人生は完全に変わり、感情面においても、身体的にもより自由が与えられました。

ある晩、祈ってもらうために待っている若い女性のところに歩み寄った時のことです。私は彼女が二年間宣教の働きをしている人であることを知りました。彼女は一時帰宅したばかりで、宣教の働きの中で疲れきって、燃え尽きた状態にありました。私は彼女のために祈り始め、彼女は神の力の下で床に倒れ込みました。一時間ばかりの間、私は彼女のそばに座って神が彼女の人生をすっかり変えてしまわれるのを見ていました。彼女は笑ったり、泣いたりしていました。私も一緒に笑ったり、泣いたりしました。私たちは共に泣き、笑いました。一時間ほど経った後で、彼女は全く違う、新しい人として立ち上がりました。それまで抱えていた極度の疲労感や落ち込みは去っていました。そして、彼女は今日も、自由にされたあの時のまま、暮らしています。

天国の鼓動を捉える

一九九九年、私たちはスクール・オブ・スーパーナチュラルミニストリーを設立しました。私たちが学校を始めたのは、リバイバルの文化の中で歩む次世代を育てたいと思ったからです。リバイバルの文化の中で歩む人々は、しるしと不思議、そして預言と共に歩みます。彼らはイエスがこの地上で行われたことは何でも行おうとします。学生たちが私たちの学校にやってきて、彼らの人生が劇的に変えられていくのを見るのは心躍ることでした。私は主のために全てを捧げる一つの世代が、神によって起こされていくのを見ることになりました。

これらの出来事が起こっている最中に、私は自分がとりなし手であると思うようになりました。私にとって、とりなし手の定義とは、「天国の鼓動を捉え、自分の世界に、それを宣言する、または祈っていく者」です。そして、それが私の人生に起こり始めていました。神は私たちにどのように祈れば地域全体に影響を与えることができるかについての戦略を教え始められました。私たちはその土地のいやしのために祈り始め、さらに世界に出て行って祈ることになりました。この時から、私はチームを結成し、様々な地域のために彼らを連れ出して祈りました。私たちは世界中の多くの場所に出かけて行きました。この本は、神が私個人の祈りの生活において、また様々な地域のために祈ることにおいて、何を教えて下さったのかという道のりを記したものです。

そして、私はすべてを、主との「隠された場所」において学んだのです。

第二章　神の心から祈る

私たちの教会で霊的刷新が起こって以来、何もかもが変わり始めました。その時期に起きた変化の中で私がうれしかったことは、教会員の多くが神さまと一層親しい関係を持つようになり、神さまの愛を真に体験するようになったことです。多くの教会員に神さまの臨在が非常に強く臨み、臨在の中から抜け出せないほどでした。ある日友人から電話がかかってきて、祈ってほしいと頼まれたのを覚えています。彼女は、家族に夕食の用意しなければならないのに、臨在が強すぎてできないと言ってきたのです。

しかし、愛する人たち。あなたがたは、この一事を見落としてはいけません。すなわち、主の御前では、一日は千年のようであり、千年は一日のようです。（第二ペテロ三・8）

その期間には、かなり多くの教会員が臨在の中に導かれました。また天に引き上げられた教会員もかなりいました。多くの者にとってこのように深い臨在の中に入ることは初めての体験でしたが、その体験の結果、私たちは真のとりなしをする者に変えられました。そして愛と喜びと深い心の砕きを体験しました。この心の砕きは、世界中にいる神の子どもたちに対する父なる神さまの深い深い愛によるものでした。

放蕩息子の例え話にあるように、父なる神さまが、ご自分の子どもたちが神さまとその愛に立ち返ることを切に求めておられるのを感じさせられました。いても立ってもいられないような天のお父さまのご愛を体験すると、私たちはあたかも臨在の中毒になったような状態になり、世のものに対する欲望が消えうせてしまうことに気づきました。

みこころを祈る

そのような時、私は人や場所や状況を心の目で見るようになりました。神さまが私にいろいろなものを見せて、あたかも雌鳥が翼で卵をおおうように、それらのことを思い巡らすよう導かれることがよくありました。創世記一・1に「地は形なく、むなしく、やみが淵のおもてにあり、神の霊が水のおもてをおおっていた」とあるようにです（口語訳）。正直なところ、私はそういう状態にあるときは、たいてい神さまのみこころをありのまま受け入れてしまいます。それが人に関するものであっても、地域に関するものであっても、世界に関するものであってもです。「はい、神さま。あなたが望むことを……天のお父さまが……主イエスさま、……素晴らしいことです。」（訳注1）

私がこのような祈りをするときに感じることは、自分が祈っていることはすでに神さまのみこころだとわかっており、みこころをこの世に成就させるために祈っているということです。そういうとき私は、あたかも自分が神さまの「子宮」になったかように感じます。

わたしを信じる者は、聖書が言っているとおりに、その人の心の奥底から、生ける水の川が流れ出るようになる。（ヨハネ七・38）

「心の奥底」という言葉はギリシャ語のコイリアを訳したものですが、コイリアには「子宮」という意味があります[注1]。つまり、私たちは神さまの子宮なのです。とりなしの祈りをするとき、私たちは天の事業を身ごもり、それを出産しているのです。自分の内側に神の国のいのちを宿しているのです（ルカ一七・21参照）。そしてとりなしの祈りを通して、そのいのちがこの世に生み出されるわけです。

人間的な願いは邪魔になる

誰でも神さまの臨在の中に入り、天の雰囲気に浸るなら、大きな霊的突破（ブレイクスルー）を受ける準備が整います。ただ注意しなければならないのは、自分から出た肉の願いを持ったまま主の前に行ってしまうことです。時として私たちは、神さまにコレコレのことをしてもらいたいという願望を握り締めた状態で祈りに入ることがあります。このような状態にある場合、私たちはその願望で頭が一杯ですから、神さまから何かを受け取る余裕などありません。それゆえ、その時々の神さまの願いを受け取ったり、神さまの協力者となることもできません。神さまは、まったく別のことをみこころとしておられるかもしれませんが、まるで神さまに対して「さあ、神さま。これが私の考えです。私が言うとおりに動いてください」と言っているようなものです。そのように振舞うなら、私たちは神さまに手錠を掛けているのと同じです。もはや私たちは神さまの協力者とは言えません。

私がとりなしの祈りを頼まれるときも、コレコレのことを神さまにしてほしい、というその人の願い事が初めからある場合がよくあります。いろいろな人のために祈ろうとするとき、私はその人たちに祈りの課題を尋ねますが、時にはその人たちの祈りの課題が神さまのみこころではない場合もあります。私たちは聖霊に対して敏感であるように心がけ、聖霊に従わなければなりません。自分自身の考えを神さまに押し付けるのではなく、神さまは何に心を痛めておられるのか、耳を傾けて聞く必要があります。大切なのは祈る内容が正しいか間違っているかという問題ではなく、時間をかけて神さまと交わり、主の臨在を味わい、自分の願いを持ち出さないことです。

あるとき私が祈っていると、ひとりの男性の顔が目の前に現れました。その人はアジア人でした。彼の顔を見たとき、私はこの男性の代わりに神さまにとりなし始めました。今に至るまで、その男性に関して何もわからないままです。それればかりか、自分がその人のために、何を祈ったのかすらわかりません。もしかしたら何らかの問題に介入し、その人の生命を守るための祈りだったのかもしれません。あるいは、特定のグループのための祈りだったのかもしれません。生きている間にはわからないこともあるでしょう。大切なのは、神さまの導きに従うことです。たとえすぐにはその祈りの結果がわからなくてもです。

別の機会に、このような出来事もありました。夜中に目が覚めて、私は息子のブライアンのために祈りました。彼の身の安全のためでした。祈り終えた直後にブライアンから電話がありました。息子は南部に旅行した帰り道を車で走っていたそうですが、居眠り運転をしてしまい、車が道路から外れてしまったそうです。何事もなく無事だったので、電話してきたとのことでした。私は目を覚まして祈ることができて、とても感謝しました。

とりなしは、神さまとの交わりの延長に過ぎません。主との交わりを通して、私の心に生まれたものです。私はただ御前に行き、神さまへの愛を捧げるために私の霊をもって主の御霊と交わるだけです。このような霊対霊の交わりをはじめて体験したときのことを、今でも覚えていますが、神さまと交わっていたとき、私の心と神さまの心がひとつになるのを感じました。神さまの心から液体のように愛が流れてきて、私の上に注がれました。すると、まるで私の心臓の鼓動と神さまの心臓の鼓動がひとつになるかのような感じがしたのです。神さまの心は、人間に対する憐れみで痛んでいました。そのとき私と神さまの心が絡み合いました。そのような状況が起こり、私たちが神さまの心の痛みと、驚くほどの愛を知るとき、私たちにできる唯一の応答は、失われた魂への燃えるような情熱をもって祈ることだけです。

この方は、「いいえ」の意味で「はい」と言われる方ではありません。いつも、ことばどおり実行なさいます。また、どれほどたくさんの神様の約束でも、ことごとく実行し、完成なさいます。それで私たちは、この方がどんなに真実な方か、すべての人に知らせ、その御名をほめたたえるのです。（第二コリント一・19～20、リビングバイブル）

驚いたことに、神さまは私たちが神さまに没頭するのを待っておられるのです。神さまは、ご自分の世界を私たちに見せたくて待ち焦がれています。神の国の栄光あふれる光景をです。神さまは、霊的突破（ブレクスルー）を起こすために私たちを協力者にしたいのです。

神さまからの「いいね！」

神さまのみこころと私たちの思いが一致するとき、祈りのブレイクスルーが起こります。神さまが私たちを、協力者にしたがっているというのは本当に驚きです。でも、神さまがこの世の中で事を起こすに当たり、私たちを用いようとしているということには容易に納得がいきます。何はともあれ、私たちは神さまの子どもですから。神さまは偉大なる全能者であると同時に、子煩悩な愛なるお父さまです。神さまは、子どもである私たちの人生にかかわることを熱望しているのです。信じがたいことに、神さまは、私たちが神の国の事業にかかわることも熱望しておられます。地上における御国の建設を、私たちに手伝わせたいのです。私たちが行う預言的な行為はイエスさまから来るものですが、私たちの行動のいくつかについては、神さまも「いいね！」と言って承認しておられるように思います。

私が確信しているのは、神さまが私の考えを気に入っているということです。だからこそ、私は安心して祈ることができます。言い換えると、神さまが私の味方だと信じているからこそ、私は祈ることができるということです。

実例を挙げて説明します。二〇〇七年に、私たちはクロアチアにチームを連れて行きました。

それは私が参加した中でも一、二を争う祈りの宣教旅行となりました。予定していた行き先のひとつは、クロアチアの首都ザグレブ近郊にある強制収容所でした。そこでは第二次世界大戦中、ユダヤ人、セルビア人、ジプシーなど、クロアチア人以外の市民がたくさん殺されました。とても残虐な行為でした。私たちは友人の宣教師とクロアチア人の牧師夫妻に同行して、そこに祈りに行きました。そのような大規模な惨事に関して一体どのように祈ればいいのか、戸惑うところです。私はずっとそのことで祈りつつ考えていました。どうしたら私たちは、流血の地に癒しをもたらす役に立てるのでしょうか。不意に、ぶどう酒を一本買ってその地に注ごう、という思いが浮かびました。

その朝私たちはある町で祈っていたのですが、正直なところ、ぶどう酒をまくという考えが本当に妥当かどうか迷っていました。私は強制収容所に向かう前にぶどう酒を買いたいという旨をグループの何人かに事前に話していたのですが、後になって不適切かもしれないと思ったので、わざと忘れたふりをしていました。そこへ祈りのチームのメンバーの姉妹が「収容所に行く前にぶどう酒を買うんですよね」と尋ねてきたので、「そうですね。そうしましょう」と私は答えました。

私はぶどう酒の件について、まだクロアチア人の牧師に話していませんでした。和解の預言的行為として、クロアチア人の牧師夫妻がぶどう酒を注ぐべきだ、と私は感じていました。というのは、牧師のスレコーはクロアチア人で、奥さんのイナスはセルビア人だったからです。念のために説明しますが、この二つの民族は第二次世界大戦だけでなく、一九九〇年代初期に勃発したボスニア・ヘルツェゴビナ紛争で対立した民族の一部なのです。

そこで私は、この素晴らしい牧師夫妻にぶどう酒の件を説明しました。そのあとで私たちはともに祈り、神さまがこの地の流血の惨事を主の血潮によって覆ってくださることを信じました。牧師夫妻は二人でぶどう酒のボトルを持ち、注ぎかけました。二人がこのようなことをするのは初めてでしたが、寛容な心で臨んでくれました。夫妻がぶどう酒を注いでいる間、私は六歳になる二人の息子さんが遊ぶ姿を見ていました。その子はまったく無頓着で嬉しそうにしていました。彼の血筋は、紛争で争った二つの民族を代表していました。その子の世代は、戦争の痛ましさを体験せずに済むことでしょう。癒しが起こるのですから。

では、この考えは私の考えだったのでしょうか、それとも聖霊の考えだったのでしょうか。私にはわかりません。でも、最終的には良かったのではないかと感じました。思うに、私たちクリスチャンは神さまと密接に絡み合っていて、私たちの思い、感情、行いに至るまで、どこまでが自分のものでどこからが神さまのもの、と分けることなどできません。神さまは私たちのすべてについて「いいね！」と言っておられます。神さまは私たちの考えを楽しんでくださっていると私は信じています。同様に、私たちも神さまの考えを楽しんでいます。神さまはダビデを選ばれたように、私たちのことも選んでくださったのですから。

第一列王記八章には、神さまがダビデを選んだことや、彼の心に主の家を建てる志があったことが書かれています（第一列王記八・16～17参照）。一八節で神さまはダビデに言いました。

「あなたは、わたしの名のために宮を建てることを心がけていたために、あなたはよくやった」

（第一列王記八・18）。

私たちの神さまはこういうお方なのです。神さまはダビデというひとりの男性を選びました。ダビデなら神さまの願いを承認することがわかっていたからです。そこで神さまもダビデを承認しました。その他の問題の処理はもう終わっています。神さまがあなたを承認し、あなたが神さまを承認するなら、それで十分なのです。

意識を逸らすなかれ

娘のリアが初子《ういご》を身籠っていたとき、彼女は夫の許可を得た上で、私にお産の指導をしてほしいと頼んできました。私が自然分娩で三人子どもを産んでいたからです。娘は「お母さんはプロね」と言ってくれました。そう言われたことは、私にとっては光栄なことでした。私は夫に、リアのお産を指導したことはとても素晴らしい経験だったと同時に、自分の子どもを産んで以来、一番骨の折れる仕事でもあったと話しました。

神さまはこの物質的な世界における私たちの人生に、いつも突然介入してきては、霊の世界をお見せになるものです。リアのお産もご他聞にもれませんでした。自然分娩の場合、米国では分娩室に友人や家族を招待することができます。娘はとても社交的な性格なので、出産の瞬間まで友人たちを大歓迎していました。ご存知かもしれませんが、陣痛の終わり頃になると一番熾烈な瞬間がやって来ます。子宮の収縮に上手に対応するには、何はともあれその時に意識を集中させなければなりません。娘と私もその瞬間に差し掛かっていました。子宮の収縮がいつ始まったとしても、リアに平安を与えてあげたいのは、まさにこの瞬間です。あとはリアにがんばってもらって、意識を集中させて、私の言うとおりに息んでもらうしかありません。そんなときに友人のひとりが分娩室に入ってきて、どういう時なのかも気に留めず無分別におしゃべりし始めました。にもかかわらず、リアは平気な様子でした。

分娩後、分娩室で気持ちが乱されなかったかリアに聞いてみました。娘が言うには、私の指示を聞こうという一心で私の声に意識を集中させていたので、何も気にならなかったそうです。それを聞いたとき、私はとりなしの祈りに関して、神さまに示されました。神さまが私たちに祈りの戦略……私たちの霊が燃やされるあの戦略のこと、をお語りになるとき、私たちは他のことが気にならないくらい神さまの声に集中することができます。神さまの声から私たちの気を逸らすものは何一つありません。娘が分娩している間も、娘と私が見つめ合う瞬間が何度かありました。それはちょうど、リアがお産で一番熾烈なところを通過していたときでした。娘は私の目を見つめることによって力を得ました。リアは私の目の中に決意を見出し、それによって頑張ることができたのです。

私たちの人生にも、神さまの言葉やビジョンに意識を集中すべき瞬間があります。神さまが祈りの戦略を与えてくださり、それに応じて私たちが神さまに意識を集中させて拠り頼み、祈り方を悟ることによって、はじめて結果がこの世に生み出されます。

話は変わりますが、その日、娘夫婦に生まれてきた赤ん坊は、ジュダ（ユダ部族のユダのことで、ヘブル語で「賛美」という意味）と命名されました。私と娘の間の揺るぎない信頼は、主への賛美以外の何ものでもありません。

私が神さまのみこころのために祈るとき、私は神さまの声に意識を集中させる余り、ご臨在の中で他の一切のことから意識が遠のいてしまいます。そのような状態のときは、あたかも自分と神さまがひとつになってしまったかと思えるほど、みこころやご計画、み声がリアルに感じられます。そういうとき私は、まるで神さまと一緒に祈っているかのような感覚になります。そういう状態にあるときは、私はひたすら神さまの言われることにうなずき、神さまのお心の中ですでに決められているご計画を受け入れるのみです。神さまと一緒に祈り、私の祈りを通して神さまとの共同作業をするのはそういう瞬間です。真のブレイクスルーが起こるのもそういう瞬間です。人間的な決め事は一切無用です。

訳注1　主体が「私」ではなく神になっている祈り。

注1　ダッチ・シーツ著「天と地を揺るがす祈り」（二〇〇一年八月マルコーシュ発行、原書116ページ参照）

第三章　攻撃的なライフスタイル

アメリカンフットボールといえばアメリカの国民的娯楽です。だれもが自分の応援するチームに夢中になります。私の家族はサンフランシスコ・フォーティーナインを応援しています。教会から帰ると、不滅のクオーターバック、ジョー・モンタナの魔法のようなプレーを見るのが待ち切れませんでした。

フットボールのチームには、ディフェンス（守備側）とオフェンス（攻撃側）があります。ディフェンスは敵のオフェンスからボールを奪うことに力を注ぎます。ディフェンスは敵のオフェンスの作戦を見抜いてプレーしなければなりません。しかしオフェンスの強みは、自分たちがボールを持っているということです。技術と作戦によって、オフェンスは敵のエンドゾーンに向かってボールをキープし、タッチダウンを決めます。ボールを持っているはオフェンスですから、作戦の指示を出すのも彼らです。

本章では、ボールを持って攻めることについて述べたいと思います。とりなし手に一番大切なことは、神さまがすでにボールを持っていることを知っておくことです。とりなし手はまさにオフェンスの選手ですから、自分たちにはすでに勝利があり、勝利の立場で祈るのだということを理解しておかなければなりません。さもないと、まるで敗北の祈りばかりしているかのように思えてくるからです。神さまからいただいたものを悪魔の手から守ることに躍起になり、酷い場合は、悪魔に振り回されて、敵の働きばかりに目が向いてしまいます。そのような過ちを犯してはいけません。神さまがすでに勝利していることを知っておかないと、敵に何かを奪われるのを絶えず恐れながら祈ることになってしまいます。

ジョー・モンタナが敵陣に向かってボールを投げるとき、彼にはボールの行き先があらかじめわかっています。仲間の選手の手の中です。彼のプレーは妙技としか言いようがありません。モンタナのプレーを見ていると、天のプレーを熟知したクリスチャンを彷彿とさせてくれます。

優秀な選手のプレーを見ていると、周囲に敵の選手がいるにもかかわらず、まるで彼らの妨害がないかのように見えます。それは彼らが自分の役割に意識を集中しているからです。優秀な選手は闇雲にボールを投げません。それと同じで、とりなし手もむやみに祈るべきではありません。

モンタナ同様、とりなし手もオフェンスなのです。オフェンスは作戦の指示を出します。制球権を握っているのは私たちですから、必ず勝てるという確信を持っていなければなりません。オフェンスであるとりなし手の仕事は、土地を勝ち取ることです。悪魔に振り回されてボールを奪われてはなりません。悪魔は、カルバリにおいてすでに制球権を失ったのですから。

とりなし手である私たちは、自分がオフェンスとして戦っていることを忘れてはなりません。オフェンスの選手は、ボールがどこに飛んで行き、誰がキャッチするかを全員が把握しています。また、自分がどこに向かって走るべきかを把握しています。チームであっても目的はただひとつ、タッチダウンすることだけです。とりなし手である私たちも、主から来る作戦指示に耳を傾けなければなりません。そしてその指示通りに動く必要があります。そうしなければボールを逃してしまい、タッチダウンすることはできません。とりなし手の仕事は神さまが指示する作戦を遂行することであって、敵の作戦を心配して無駄な時間を過ごすことではありません。

とりなし手の多くは、敵の次の行動を心配して時間を浪費しています。でも本当の仕事は、神さまに思いを向け、神さまの計画に参加することです。とりなし手の仕事は、神さまのみこころを捉え（みこころは敵が言うこととは逆のことです）、それを祈り始めることです。敵に気を逸らされてはなりません。そのためには、恐れには賛同しないという決心が必要です。

次の箇所には、オフェンスとしての生き方が述べられています。オフェンスは勝利の立場に立ち、神さまの計画に従って祈ります。

そこで、もはや、だれかから間違ったことを教えられたり、うそを真実のように、たくみに見せかけられたりしても、そのたびに、子供みたいにふらふらと、信じるものを変えてはいけません。（エペソ四・14、リビングバイブル）

恐れを拒否せよ

三番目の孫のハーレー（女児）が生まれるとき、母親のジェンは感染症にかかってしまいました。そのため担当医は帝王切開で緊急手術をすることになりました。医師たちがハーレーを取り出して新生児集中治療室に移したのち、ハーレーの動きが良くないと聞かされました。初産の赤ちゃんが生まれた場合、病院ではアプガーテストと呼ばれる検査を行なって新生児の健康状態を調べます。その結果は一〇点満点の指数として表示されますが、ハーレーの指数は二点でした。後でわかったのですが、二点の赤ちゃんは普通は死んでしまうそうです。病院からそのことを知らされ、私たち家族は決断を迫られました。この悪い知らせに同意するかしないかです。あのときの気持ちは一生忘れないと思います。

ハーレーは息子の第一子でしたから、何もかもが初めての体験で、心の底から楽しみにしていたところにこの悪い知らせです。私は病院の待合室で立ったり座ったりして、落ち着けませんでした。両手で顔を覆い、神さまに一体どういうことなのかを尋ねました。そのとき「これは戦いです。悪い知らせを受け入れてはいけません」と語られました。私はそのとおりにしました。家族全員で祈りました。このようなことはあってはならないことだと。一〇分も経たないうちに看護師が出てきて、ハーレーのアプガー指数が七点まで上がったので、もう大丈夫だと言われました。この本を書いている今、ハーレーはとても元気で健康です。ハーレーは世に対するイエスさまの証しです。

恐れはあなたのところにやって来て、あなたを引き裂きます。人生が順風満帆に見え、平安のうちを歩んでいても、恐れは突然現れてあなたに襲い掛かり、平安を奪おうとします。クリスチャンである私たちは、恐れに立ち向かう決断をしなければなりません。私たち家族は恐れを受け入れないことを選びました。悪魔は私たちが同意しない限り、何の権利も持っていません。恐れは、悪魔が私たちを捕えようとするときに使う手段です。悪魔はフェアプレーをせず、私たちの弱点をついてくるのです。

にわかに起こる恐怖におびえるな。悪者どもが襲いかかってもおびえるな。主があなたのわきにおられ、あなたの足がわなにかからないように、守ってくださるからだ。（箴言三・25～26）

読者はゆっくりくつろいで、世の中について考えることがありますか。現状と今後の成り行きについてです。この世界で起きている諸々の出来事の原因。何がそれらを起こしているのか。根本的な要因は何か。表面的な理由ではなく深い部分において、何が原因で物事が進行しているのか。

私にはこの世の動向の中に、悪魔の計画が見えます。その常套手段となっているのが恐れです。ある意味、実に単純明解な手段です。人間に恐れを与えるだけでいいのですから。恐れさえ与えれば、あとはすべて人間側の自己責任です。聖書の中で最も多く繰り返されている命令は「恐れるな」です。創世記から黙示録に至るまで、神さまは恐れないよう繰り返し命じておられます。神さまは人間の弱さを熟知しておられるのです。

わたしはあなたがたのために立てている計画をよく知っているからだ。―主の御告げ―それはわざわいではなくて、平安を与える計画であり、あなたがたに将来と希望を与えるためのものだ。（エレミヤ二九・11）

的をつく

とりなし手である私たちは、祈りと戦略に集中する必要があります。用いられるとりなし手は、神さまから作戦指示を聞き、ボールを受け取ってタッチダウンを決める術を知っています。有用なとりなし手とは攻撃的なとりなし手です。有用なとりなし手は的をつく術を知っているのです。

夫の趣味はハンティングです。世界中で狩りをします。毎年、夫と私はハンティングの大会に出席します。フットボールアリーナ十二個分の広さがある大会の会場には様々な部門のスペースがあり、ハンティングに関連したありとあらゆるものが集められています。大会のイベントのひとつにオークションがあります。ある年、ビルは南アフリカでのハンティングツアーに入札して競り勝ちました。私が、どこか暖かい所でやるなら、一緒にハンティングツアーに行ってあげると約束していたからです。私には、たった一頭の獲物を持ち帰るために寒さの中で凍えながらハンティングをする人の気が知れません。私の父親と叔父たちはみなそうしていましたし、夫と息子たちも同じです。でも私は暖かい所が大好きで、寒さとはそりが合いません。ですからビルが暖かい所でハンティングをするなら、私も一緒に行くと言ったのです。南アフリカなら暖かなハンティング旅行になりそうです。

二日目の朝に目を覚ました私たちは（実は寒かったのですが）朝食を済ませ、ハンティングには出掛けずに、獲物がいる地域を見て回りました。ハンティングは、ただ銃で動物を撃ちに行くという単純なものではありません。ガイドはハンターの銃の照準が合っているかを確認することになっています。それはハンターが獲物を逃したり、最悪の場合、獲物に怪我をさせるだけで終わってしまうことがないためです。ですから獲物がいる地域で射撃練習するときに、銃弾がまっすぐ飛んでいるか、また的をついているかを確認します。とりなしをする際も同じことです。私たちは「的をついて」祈らなければなりません。

とりなしには「的を打つ」という意味があります。「的を打つ」という表現は、「パガ」というヘブル語を訳したものです[注1]。パガには「ぶつかる」という意味があり、とりなしの激しい側面を言い表しています。ヨブ三六・32に「神はいなずまを両手に包み、これに命じて的を打たせる」とあるとおりです。

「的をつく」攻撃的な祈りをしたいなら、神さまのみこころを深く探らなければなりません。では、どうすればみこころを知ることができるのでしょうか。神さまのみこころは、どこに行けばわかるのでしょうか。それは聖書です。トーラーというヘブル語は「ヤラー」という言葉が語源になっているのですが、そのヤラーは「命中させる」「的をつく」という意味なのです[注2]。神さまが聖書を与えてくださったのは、私たちにみこころを示すためなのです。

九〇年代に御言葉をそのまま祈ることを奨励するムーブメントがありました。御言葉を祈ることは、神さまのみこころを祈ることができる素晴らしい方法です。聖書の中には必要なことがすべて書かれており、私たちが祈り、宣言するのを今や遅しと待っています。私が九〇年代に学んだことのひとつは、御言葉を黙想することです。聖書の中のひとつの章または箇所を選び、そこに関して思いを巡らすのです。私の場合は、いろいろな聖句を何度もゆっくりと繰り返し読みました。そうすると聖句の御言葉が、私の霊の中に浸透するのです。御言葉が私の霊と知性の中で生きたものになります。するといつの間にか、その聖句に従って祈っている私がいました。そしてそれまでわからなかった聖句の意味がわかったり、霊的な示しが与えられたりしました。祈りが、生きた祈りになったのです。まさに「的をついて」祈っている、と感じることができました。祈るべきことに集中して祈ることができました。特に詩篇は、この黙想の祈りを学び始めるのに適した箇所だと思います。

この本を書く際も、とりなし手が心に留めて宣言すべきと思われる詩篇の箇所を思い巡らしながら書いています。

喜ばしきシオンへの帰還

都上りの歌

主がシオンの繁栄を元どおりにされたとき、私たちは夢を見ている者のようであった。

そのとき、私たちの口は笑いで満たされ、私たちの舌は喜びの叫びで満たされた。そのとき、国々の間で、人々は言った。「主は彼らのために大いなることをなされた。」主は私たちのために大いなることをなされ、私たちは喜んだ。

主よ。ネゲブの流れのように、私たちの繁栄を元どおりにしてください。涙とともに種を蒔く者は、喜び叫びながら刈り取ろう。

種入れをかかえ、泣きながら出て行く者は、束をかかえ、喜び叫びながら帰って来る。(詩篇一二六篇)

心を静めてこの箇所を読み、熟考しつつ聖霊から悟りをいただいてください。この箇所を祈り、再び静まって聞き耳を立ててください。聖霊のささやきに耳を傾けるにつれ、今までよりも深い理解を得ることができるはずです。聖霊が語ってくださったら、その語られたことを祈ってください。そうすることによって読者は霊的に研ぎ澄まされ、神さまのみこころに意識が向くはずです。それは、あなたの霊と知性が天と一致するということです。そしてあなたは攻撃的な祈りの戦士になるのです。

パウロは、攻撃的なライフスタイルで生きることを知っていた人物でした。彼は勝利の立場で生きることを知っていました。第一コリント二・4～12、16を見ると、パウロが人間的な考え方は、神の国の計画には適さないことを知っていたことがわかります。パウロは人間的な知恵ではリバイバルが起きないことを知っていました。事実、第一コリント二章でパウロは次のように述べています。

そして、私のことばと私の宣教とは、説得力のある知恵のことばによって行われたものではなく、御霊と御力の現れでした。それは、あなたがたの持つ信仰が、人間の知恵にささえられず、神の力にささえられるためでした。（第一コリント二・4〜5）

パウロは博学な人でしたから、人間的な知恵を使って説得しようと思えばできたはずです。でもパウロは聖霊の力によって奉仕することを選びました。パウロは引き続き語っています。神を愛する者たちのために神さまが備えた良きものは、未信者にはわからないと。

まさしく、聖書に書いてあるとおりです。「目が見たことのないもの、耳が聞いたことのないもの、そして、人の心に思い浮かんだことのないもの。神を愛する者のために、神の備えてくださったものは、みなそうである。」神はこれを、御霊によって私たちに啓示されたのです。御霊はすべてのことを探り、神の深みにまで及ばれるからです。（第一コリント二・9〜10）

この箇所でパウロは、クリスチャンに神の事柄が理解できるのは、御霊によって啓示されるからだと教えています。パウロは、御霊は神のみこころを深く探っていると教えています。御霊以外に神さまのみこころを知る者はいません。ここには凄いことが述べられています。クリスチャンには神に関する事柄を知る能力が与えられている、と神さまがおっしゃっているのです。私たちが御霊の中に飛び込むなら、神のみこころがわかるということです。凄いですよね！　神さまは私たちにご自分のことを知ってほしいのです。神の道を知ってほしいのです。

霊的戦い

ベテル教会における祈りの課題や働きは、教会に対する神さまの約束と関連しています。数多くある祈りの課題の中に、癌の癒しがあります。私たちはその課題のために心をひとつにし、「的をつく」祈りを心掛けています。この課題について私たちは制球権を握っており、この忌まわしい病の癒しが数多く起きています。もちろん、この病で亡くなる人もたくさんいます。でも私たちは、この祈りを敵陣のエンドゾーンまでキープしていけば、的をついてタッチダウンできることを知っています。

これは霊的戦いだと思っています。私たちが攻撃しているものの中に、世的な思索があります。世的な思索とは、人本主義、自意識過剰、神さまに基づいていない肉的な思索などです。祈れば祈るほど、また聖書を読めば読むほど、説教をすればするほど、癒しの「わざ」が起これば起こるほど、世的な思索を崩すことになります。イエスさまがしたのも、まさにこのことです。私たちに霊の戦いの仕方を教えてくださったのです。主は祈りや説教、またみわざによって世的な思索を崩しました。その具体例のひとつが病人の癒しです。読者の知り合いの誰かが、神癒《しんゆ》を信じていないとしましょう。にもかかわらず、あなたの按手によって病人が癒されるのを目撃したら、その人の不信仰な思索が崩れ去るかもしれません。私たちはそれが起こるのを何度も目撃してきました。神癒を信じない未信者が、病人の癒しを見てクリスチャンになるのです。

この世と調子を合わせてはいけません。いや、むしろ、神のみこころは何か、すなわち、何が良いことで、神に受け入れられ、完全であるのかをわきまえ知るために、心の一新によって自分を変えなさい。（ローマ一二・2）

私にとってこの聖句は、天的思索の最高の手本です。私たちの意識が神さまに向くなら、みこころをもっとはっきり知ることができます。天的思索で考えるようにすれば、私たちは攻撃的なライフスタイルを実行できるのです。おわかりでしょうか。神さまは私たちにすでにボールを与えてくださっています。神の言葉というボールです。ということは、そのボールを仲間の選手にパスするのは私たちの責任だということです。

計画を固守する

イッサカル族は、時代のしるしをわきまえていました。

イッサカル族から、時を悟り、イスラエルが何をなすべきかを知っている彼らのかしら二百人。彼らの同胞はみな、彼らの命令に従った。（第一歴代誌一二・32）

この聖句で私が気に入っている部分は、「イスラエルが何をなすべきかを知っている」というところです。イッサカル族には計画がありました。彼らは時代をわきまえていただけでなく、その時代においてなすべきことが何であるかを知っていたのです。

イッサカルに対するヤコブの祝福は、「たくましさ」「休息」「麗しい土地」「奴隷としての生涯」です（創世記四九・14〜15参照）。私が使っているスピリット・フィルド・ライフ・バイブルの注釈欄には、「(イッサカル族は）基本的に従順で、カナンの地において静かで幸福に暮らすことを受け入れていた。彼らは政治的にも懸命で、君主をサウルからダビデに変更した」[注3]とコメントされています。

イッサカル族の生涯は、ストレスのない平穏なものだったようです。彼らは神さまから授かった土地で生活する幸福な民族でした。私は、そのようなライフスタイルのゆえに、イッサカル族には自国の情勢に関する悟りがあったのではないかと思っています。彼らの暮らしには心配事やストレスはありませんでした。彼らは幸せに生きる術を知っていたのです。

ベテル教会での私の仕事は、祈り手たちの監督です。祈りの牧師である私には、世界中からたくさんの電子メールが届きます。その多くは、緊急な祈りのリクエストや祈っておかないと危険と思われる警戒情報です。良い内容のメールが多いのですが、恐れに満ちていて霊的に受け入れられないものもたくさんあります。私は恐れを動機にして祈ることはありません。私がいつもすることは、危機的な内容のリクエストに関して神さまに祈り方を尋ね、祈りの導きを求めることです。私は危機的な出来事にではなく、神さまに対して常に意識を向けています。恐れの中に入って祈ってしまうと、天と一致した祈りができにくくなってしまいます。とりなし手はイッサカル族のようでなければなりません。何をすべきなのかをわきまえている必要があります。意識を集中して、計画を固守することが肝要です。

旧約聖書には、イスラエルの王やリーダーたちによる訓話が満載です。彼らは神さまに頼って知恵を得ていました。彼らの唯一の希望と救いは、神さまが何をするかの一点に懸かっていました。第二列王記一八章から一九章は、ヘゼキヤ王とアッシリヤ帝国の戦記です。アッシリヤはこんにちイラクがある地域にありました。セナケリブ王の治世にアッシリヤの軍隊は地中海沿岸を南下し、次々に都市を攻略していきました。そしてエルサレムの間近に迫ります。一八章の三五節でセナケリブはこう言っています。

「国々のすべての神々のうち、だれが自分たちの国を私の手から救い出しただろうか。主がエルサレムを私の手から救い出すとでもいうのか。」（第二列王記一八・35）

ヒゼキヤは衣を引き裂き、荒布を身にまとい、主の宮に入ります（第二列王記一九・1参照）。主の御前に行く。これほど良い手はありません。ヒゼキヤは書記、長老、祭司らを預言者イザヤのもとに遣わします（第二列王記一九・2参照）。次もまた良い手です。イザヤは神さまから預言の言葉をいただき、王に伝えます。

「あなたがたの主君にこう言いなさい。主はこう仰せられる。『あなたが聞いたあのことば、アッシリヤの王の若い者たちがわたしを冒涜したあのことばを恐れるな。今、わたしは彼のうちに一つの霊を入れる。彼は、あるうわさを聞いて、自分の国に引き揚げる。わたしは、その国で彼を剣で倒す。』」（第二列王記一九・6～7）

セナケリブ王は脅しに満ちた手紙をヒゼキヤ王に送ります。

「ユダの王ヒゼキヤにこう伝えよ。『おまえの信頼するおまえの神にごまかされるな。おまえは、エルサレムはアッシリヤの王の手に渡されないと言っている。おまえは、アッシリヤの王たちがすべての国々にしたこと、それらを絶滅させたことを聞いている。それでも、おまえは救い出されるというのか。私の先祖たちはゴザン、ハラン、レツェフ、および、テラサルにいたエデンの人々を滅ぼしたが、その国々の神々は彼らを救い出したのか。ハマテの王、アルパデの王、セファルワイムの町の王、また、ヘナやイワの王は、どこにいるか。』」（第二列王記一九・10〜13）

さあ、次はどうなるでしょうか。

ヒゼキヤは、使者の手からその手紙を受け取り、それを読み、主の宮に上って行って、それを主の前に広げた。（第二列王記一九・14）

ヒゼキヤ王は預言的な行為をします。セナケリブの脅迫めいた手紙を神さまの前に広げました。そして神さまの前で、主がどのような神であるかを語ります。もちろん神さまがご自分のことを忘れているわけではありませんが、私たちは天のやり方に同意すべきです。このようにすることは良策です。王は神さまにエルサレムの救済を求めました。

「私たちの神、主よ。どうか今、私たちを彼の手から救ってください。そうすれば、地のすべての王国は、主よ、あなただけが神であることを知りましょう。」（第二列王記一九・19）

ヒゼキヤ王がアッシリヤのセナケリブ王に立ち向かう祈りをしたので、神さまは王の祈りを聞き、答えをくださいました。イザヤはその答えを王に送ります（第二列王記一九・20参照）。その日はエルサレムにとって、素晴らしい一日になりました！

実に見事な戦略です。ひとつの預言的な行為が、祈りの答えをもたらしました。その行為が霊の世界で功を奏したのです。この預言的行為のゆえに悪魔の帝国は攻撃を受けました。

その夜、主の使いが出て行って、アッシリヤの陣営で、十八万五千人を打ち殺した。人々が翌朝早く起きて見ると、なんと、彼らはみな、死体となっていた。（第二列王記一九・35）

この物語は攻撃的なライフスタイルのお手本です。ヒゼキヤの最善策は神さまでした。王は神さまの方法から意識を逸らしませんでした。御前で神さまと共にいることの大切さを、王は知っていたのです。

同じところに最後まで留まるには勇気が要りますが、ヒゼキヤの中にはその勇気がありました。私たちも、逆境の中に最後まで留まるには勇気が要ります。

みなさんの作戦はいかがですか。神さまが最善策になっているでしょうか。主と共にいることの大切さや、主と共にいることが攻撃的なライフスタイルに繋がることをご存知ですか。攻撃的な生き方をしている人が祈るなら、その祈りには力があります。なぜならそれは、多くの時間を神さまと過ごしており、神さまから忠実さの太鼓判を押されていることを意味するからです。そのような愛の関係は、人を屈強な愛の戦士に造り変え、主のみこころに基づく戦略を持たせます。父なる神との愛の関係から生まれる祈りには力があります。どんな奇跡が起きても不思議ではありません。

数年前、神さまはこの教会のとりなしの祈りがどれほど力強いかを示してくださったことがありました。九〇年代後半のことですが、教会では剣を持つことが流行していました。とりなし手の多くが、剣を持つことは「自分たちは霊の戦いの中にあり、神さまが前面で戦ってくださっている」という預言的な意思表示になる、と感じていました。私たちは霊的戦いのために、剣を使って預言的な宣言をしました。また、他にも剣を使った様々な預言的行為がなされていました。

あるとき私は、カンファランスで教会の姉妹たちを全員招集し、神の国の騎士に任命しました。とても面白いパフォーマンスでした。

短剣を持つというのは実に面白い行為だと思いました（訳注1）。私は、戦争で短剣が使われていたという話に感銘を受けました。ローマ兵は接近戦で短剣を使いましたが、それだけでなく、身体に矢が刺さったときには短剣で矢じりをくり抜いたそうです。

私は通販で一本買いました。私が買ったのは州保護官用ダガーというものです。預言的な意味で、それが私に適していると思いました。私は自分のことを、カリフォルニア州の保護官のように感じているのです。それを注文してから届くまで六週間も待たされました。その頃、私は霊的な難聴になっていて、神さまの声が聞こえない状態でした。霊的な閑散期です。そんなとき遂にダガーが届きました。

宅配の箱が余りにも大きいので驚きました。高さが一八〇cm近くもあったのです。最初私は、随分丁寧に梱包してくれたのねと思いました。ところが箱を開けてみると、とても長い剣が入っていました。それを取り出した途端、私の霊の耳が一気に開き、神さまからの語り掛けが聞こえてきました。

「あなたは自分の祈りが短剣のようだと思っているが、わたしはこの長い剣のように思っている」と。宅配で届いた剣は、両手持ちのクレイモア剣でした（訳注2）。ウィリアム・ウォレスがスコットランドの解放のために戦っていたとき、この種の剣を使っていたと言われています（訳注3）。クレイモアは（接近戦ではなく）戦闘で使われました。戦士は両手を使ってクレイモアを持ち、馬は両脚で操作しました。そのためクレイモアには第二手で握る部分があり、そこも革張りになっています。当時の騎士たちは敵兵の皮を剥いで、第二手を当てる部分に巻きつけていました。おぞましい話ですよね。それはわかりますが、要点は伝わったと思います。この剣は「州保護官用」ではなく「州保護用」と呼ばれるものでした。販売元に商品違いの電話をしたところ、その剣はそのままもらってくださいとのことでした。

その日いただいた主の語り掛けは、一度も忘れたことがありません。まるで神さまが私のための贈り物として無理やり押し付けたような感じです。

二〇〇七年の大晦日に、とりなしのグループで太平洋岸にある小さな町に出かけました。そこは私たちが何年も前から祈っていた町です。その地域には悪魔から霊感を受けた指導者がいましたが、その人が亡くなり、一帯の霊的雰囲気が一変していました。霊的な次元で変化が起きると混乱が生じ、おかしなことが起こるようです。私は彼が死ねば霊的な世界の指導権も入れ変わると予想していました。私たちは何年にもわたってその地域を訪れ、その地域に住んでいる協力者たちとともに祈ってきたので、その人物が亡くなる二週間前から、霊的な変化が起こるという予感がありました。彼が亡くなったというメールが来たとき、祈りのためのあらゆる預言的な戦略がひとつになり始めました。他の人と話し、その人たちが感じたことや聞いたことを結びつけることによって、お正月を迎える前にその町に行ったほうがよさそうだという結論になりました。

私は、悪霊の組織内に主導権争いが起きたと直感しました。これらの事柄が起きる一週間前に、私は自宅で二人の孫の子守をしていました。ユダとディエゴといいます。私たちは二階の客間で遊んでいました。ユダが押入れの棚に登って、そこから毛布や枕が積んである上にジャンプしたいと訴えました。確かに面白そうです。私はユダが遊んでいるときに「安定」という言葉が聞こえました。よく聞いてみると、神さまが新年に関して「二〇〇八年は安定の年になる」と語っているように思えてきました。正しい位置になかったものが、元の場所に戻ることによって安定が訪れる。それだけではありません。クリスチャンである私たちは、安定をもたらす者になると言うのです。

私たちがその海岸に祈りに行ってわかったことがありました。「安定」とは、まさにその日、私たちが行った行為そのものを指していたということです。私たちはその地域に安定の力をもたらし、混乱の上に平和の旗を立てたのです。私は剣を持ってきて海岸の砂に突き刺しました。その預言的な行為によって、聖徒の祈りには力があり、強力であることを示すためです。この祈りの旅行の直後、私はその地域の牧師と話す機会がありました。彼女が言うには、以前よりも視界がはっきりし、物事の理解が明快になり、混乱が減少したとのことです。

私たちの祈りには思う以上に力があります。神さまが与えてくださる祈りの戦略は、世界を変えるのです！

ひとりの力

第一サムエル記一四章の物語は最高です！　とりなし手の方々はこの物語に精通すべきです。私がこの箇所を読み、黙想していて最初に心に留まったのは、四節と五節にある二つの切り立った岩でした。そもそもなぜ、これらの岩について語る必要があったのでしょうか。これらの岩に何の意味があるというのでしょうか。サムエル記の執筆者は、なぜこれらの岩の形状や位置に注目したのでしょう。

ヨナタンがペリシテ人の先陣に渡って行こうとする渡し場の両側には、こちら側にも、向かい側にも、切り立った岩があり、片側の名はボツェツ、他の側の名はセネであった。片側の切り立った岩はミクマスに面して北側に、他の側の切り立った岩はゲバに面して南側にそそり立っていた。（第一サムエル記一四・4〜5）

スピリット・フィルド・ライフ・バイブルは次のように解説しています。

「ボツェツ」は「輝く」あるいは「滑りやすい」という意味で、「セネ」は「鋭くごつごつした岩」「とげが多い」という意味。ヨナタンが誰も通りそうもない場所をあえて選んだため、そのような場所から現れたときにペリシテ人は意表を突かれた注4。

このような体制をとることは、霊の戦いにおいてとても重要です。とりなし手として私たちが特定の地域に祈りに行くとき、人に知られずに行動することが何度もありました。読者は「なぜわざわざ特定の場所に行って祈ることが、それほど大切なのですか。今いるところでも祈れるではありませんか」と言うかもしれません。答えは「はい、とても大切」です。ほとんどの場合に、私はとても強くそう感じます。ヨナタンと道具持ちは、これからしようとすることを誰にも言いませんでした。もし誰かに話していたら、話を聞いた人たちが止めに入ってきたかもしれませんし、一緒に行きたがったかもしれません。後者の場合、計画自体が駄目になっていたでしょう。もはや密かに行くことができなかったからです。多くの場合、私たちの祈りも秘密裏に行われます。そのあとで出て行って預言的な行為を行います。この場合の預言的行為は、とりなしの祈りの結果生じたものです。

サウル王はイチジクの木の下に座っていました（第一サムエル一四・2参照）。王はペリシテ人と戦をしたくありませんでした。王が求めていたのは気楽さだったからです。イスラエルは王が戦ってくれるものと期待していました。ヨナタンはそれを知っていたので戦ったのです。ヨナタンと道具持ちは秘密裏に出かけて行き、ペリシテの全陣営を相手に戦いました（第一サムエル記一四・6〜14参照）。

神さまはとりなし手を探しておられます。神ご自身と神の国の到来を熱心に慕い求めるとりなし手を。ひとりであろうが二人であろうが、神さまには関係ありません。二千年前にこの地上を歩いていたひとりの人によって、神さまは世界を永遠に変えてしまいました。イエスさまこそ、その人です！

そのときヨナタンは道具持ちの若者に言いました。

「さあ、あの割礼を受けていない者どもの先陣のところへ渡って行こう。たぶん、主がわれわれに味方してくださるであろう。大人数によるのであっても、小人数によるのであっても、主がお救いになるのに妨げとなるものは何もない。」（第一サムエル一四・6）

この箇所について、スピリット・フィルド・ライフ・バイブルの注釈にはこう書かれています。「割礼を受けていない」という表現は、イスラエル人が異邦人や敵を嘲笑する言葉としてしばしば使われました。しかし同時に、主の民に対して神の契約を想起させる言葉でもあります。ヨナタンと道具持ちはヤーウェの契約の民でしたから、主が二人の味方をしてくださるという意味で使われているのは明らかです注6。

私たちはヨナタンの勇気ある姿を敬愛すべきではないでしょうか。というのは、ヨナタンは敵に対して、次のような二重の宣告をしているからです。一、お前たちはヤーウェの敵である。二、私は今日、大軍を率いている。私には神々の中の神、王の王であられるお方との契約があるのだ。

私たちがとりなしをするときに取るべき態度もこうであるべきです。神さまが霊の世界でみこころをなそうとするとき、人数の多い少ないは問題ではありません。重要なのは、情熱と勇気です。ヨナタンと道具持ちは、霊の領域においても地上においても、この日、大騒動を巻き起こしました。その日ヨナタンは、正気の沙汰とは思えないことをやってのけたのです。ヨナタンは道具持ちにこう言いました。

「今われわれは、あの者どものところに渡って行って、彼らの前に身を現すのだ。もしも彼らが、『おれたちがおまえらのところに行くまで、じっとしていろ』と言ったら、われわれはその場に立ちとどまり、彼らのところに上って行くまい。もし彼らが、『おれたちのところに上って来い』と言えば、われわれは上って行こう。主が彼らをわれわれの手に渡されたのだから。これがわれわれへのしるしである。」（第一サムエル記一四・8～10）

でもこのような戦い方は、私たちの思いではなく、私たちの霊によってでなければできないことをご存知でしょうか。その後どうなったかをご覧ください。

先陣の者たちは、ヨナタンと道具持ちとに呼びかけて言った。「おれたちのところに上って来い。思い知らせてやる。」ヨナタンは、道具持ちに言った。「私について上って来なさい。主がイスラエルの手に彼らを渡されたのだ。」ヨナタンは手足を使ってよじのぼり、道具持ちもあとに続いた。ペリシテ人はヨナタンの前に倒れ、道具持ちがそのあとから彼らを打ち殺した。ヨナタンと道具持ちが最初に殺したのは約二十人で、それも一くびきの牛が一日で耕す畑のおおよそ半分の場所で行われた。こうして陣営にも、野外にも、また民全体のうちにも恐れが起こった。先陣の者、略奪隊さえ恐れおののいた。地は震え、非常な恐れとなった。(第一サムエル記一四・12〜15)

ひとりの人の正義への情熱が、どのような結果を生んだかご覧ください。

サウルと、彼とともにいた民がみな、集まって戦場に行くと、そこでは剣をもって同士打ちをしており、非常な大恐慌が起こっていた。それまでペリシテ人につき、彼らといっしょに陣営に上って来ていたヘブル人も転じて、サウルとヨナタンとともにいるイスラエル人の側につくよう

になった。（第一サムエル記一四・20〜21）

ヘブル人、つまりサウルの軍隊に加わらず、身を隠していた裏切り者たちまでがサウルの味方になって戦いました。ひとりの人の勇気が大勢の勇気になりました。この物語のヨナタンを見れば、攻撃的な生き方がどのようなものかおわかりいただけると思います。神にとって不可能は何一つありません。主の前に攻撃的な生き方をし、狂気の沙汰と思われるような預言的行為を行うとき、神さまは私たちの代わりに戦ってくださるのです。

こうしてその日、主はイスラエルを救い、戦いはベテ・アベンに移った。（第一サムエル記一四・23）

私たちにも移るべき時がきました。

訳注

1　エペソ六章の「剣」とは、日本ではダガーナイフと呼ばれる両刃の「短剣」のこと。

2　クレイモアとはスコットランド人が使用した剣で、原義は「大きな剣」。

3　ウィリアム・ウォレスとはスコットランドの騎士で軍事指導者。

注

1　ダッチ・シーツ著「天と地を揺るがす祈り」（マルコーシュ・パブリケーション、原本50ページより抜粋）

2　Allan Moorhead, "Law Verses Grace,Part 1," (2003),
http://mayimhayim.org/Allen/Law%20vs%20Grace%201.htm (accessed 17 Sept 2008).

3　Spirit-Filled Life Bible.(Nashville:Thomas Nelson,Inc., Nelson Publishers, 1991), 77.

4　同右、413ページ

5　同右

第四章　所有権

　カリフォルニア州レディング市は、私の故郷《ふるさと》だと思っています。また単に故郷というだけでなく、私の所有地だと考えています。私がこの街に関して祈り、語ることによって、街に変化が起こると信じています。みなさんにも同じことが言えます。あなたが住んでいる地域はあなたの所有地です。私たちは自分が置かれている土地の霊的なリーダーなのです。とりなし手である私たちは、このことを真摯に受け止めなければなりません。

　数年前、レディングで残虐な殺人事件がありました。二人の若者が同性愛者だという理由だけで、別の二人の若者を殺したのです。翌朝起きて新聞に目を通した私は、その事件が私の住むシャスタ郡で起きたことを知りました。その記事を読み、私は悲しくなりました。私は祈りの家に行き、神さまの前で泣きました。レディング市内で起きた殺人事件の犯人たちの罪の赦しを乞いました。主に憐れみを請い、流血の罪からこの土地を癒してくださいと叫びました。

あなたが多くの国々を略奪したので、ほかのすべての国々の民が、あなたを略奪する。あなたが人の血を流し、国や町や、そのすべての住民に暴力をふるったためだ。……わざわいだ。血で町を建て、不正で都を築き上げる者。（ハバクク二・8、12）

おわかりいただけるでしょうか。とりなし手として、私は自分の土地で起きた出来事に責任（所有権）を持たなければなりません。読者は「ちょっと待ってください。あなたが犯罪を犯したわけではないでしょ。なのにどうしてあなたが責めを負うのですか」と思うかもしれません。その理由は、私が私土地の「所有権」を持っているからです。ですから何らかの罪や過ちが私の土地で起きたなら、それは私自身の問題になるのです。何らかの問題が生じて、その問題の責任が自分にあると思うなら、私は罪を告白し、悔い改め、自分を正さなければなりません。

昔、ファースト・ネーションズと呼ばれる先住民がこの地域にもたくさん暮らしていましたが、あるとき大勢虐殺されてしまいました。虐殺が起きたとき私はまだ生まれていませんでしたから、私がこのおぞましい行為に加担していないのは事実です。でも神さまは私をこの地域にお立てになりました。ですからこの地域の問題に私が対処することは、主にあって私の責任なのです。

北カリフォルニアは私の故郷であるというだけでなく、私が愛する地域です。その結果、私は和解のために祈り、この土地が癒されるよう祈る、和解の調停役になりました。実際、調停役には人々をひとつにする役割があります。英語で「和解」という言葉の意味は、「贖いをもたらすこと。調和または一致させる働き。対立している、あるいは一致していない事柄が一致すること」です注2。

これらのことはすべて、神から出ているのです。神は、キリストによって、私たちをご自分と和解させ、また和解の務めを私たちに与えてくださいました。すなわち、神は、キリストにあって、この世をご自分と和解させ、違反行為の責めを人々に負わせないで、和解のことばを私たちにゆだねられたのです。（第二コリント五・18〜19）

この罪の悔い改めの中で、私は贖いを行いました。それゆえ私たちは、とりなしと悔い改めによって霊的雰囲気に調和を取り戻すことができます。イエスさまは罪のないお方でしたが、人が犯したあらゆる罪の責任（所有権）を取りました。私たちが特定の地域でなされた罪の責任を取り、それを犯した人たちの代理として悔い改めるとき、私たちは罪を犯した当事者としてその土地の責任（所有権）を取るのです。

ある日私が祈っていると、主が政府のために祈りなさいと言っておられるように感じました。感覚としては、今後一生にわたって祈るという長期的な課題のように感じました。私の最初の電子メールアドレスに「prayfor5」（5のために祈れ）とあるとおりです。「5」という数字の意味の中には、「五重の政府」という意味があります。いったい神さまはどのような政府のために、私に祈らせようとしたのでしょうか。三つの重要な領域があります。一・アメリカ合衆国政府、二・レディング周辺の霊的な政府、三・キリスト教会の五つの政治的職務（使徒、預言者、伝道者、牧師、教師）です。

この本を書いている今は、あれから十二年たっていますが、その祈りの重荷が消えたことはありません。これら三つの政府のための祈りは、今でも私の中心的な祈りの課題です。その祈りによって驚くような出来事が起こりました。神さまは同じ志をもつ人たちを、これらの領域のための祈りの冒険へと導かれました。神の戦略と預言的な行為は、楽しくて行動的で、聖霊の力に溢れるものです。

私はあるとき、シャスタ郡の歴史書を読んでいました。先住民の虐殺に関して読み進む中で、自分がなすべきことがあると気づかされました。この土地の癒しのために私たちはどうしたらよいのか、祈って神さまに尋ねました。レディング周辺に住んでいた先住民はウインツ族と言います。この地域はもともと彼らの土地でした。

私にはウインツ族の知り合いが何人かいますが、彼らは分け与える心を持った、とても素晴らしい人々です。歴史的な傷を負っているにもかかわらず、彼らは勇気をもって部族の名のために努力しています。昔、ウインツ族は、部族として政府から認可してもらえず、ウインツという名称を喪失してしまいました。それは未だに認められていません。認可のための様々な規則や規定があり､条件を満たさなければならないのです。ウインツ族は長年この問題で苦しんいますが、気丈に頑張っています。

あるとき神さまが、ドナという素晴らしいウインツ族の女性と引き合わせてくださいました。私たちは交わりの時を持ち、ともに祈りました。ドナは、部族に関する情報を私に教えてくれました。ある日ドナが私のところに来て、「斧を埋める」という諺を聞いたことがあるかと尋ねました(訳注1)。私は聞いたことがあると答えました。ドナが言うには、揉め事を解決して人間関係を修復するときの慣わしとして、ウインツ族は土の中に斧を埋めるのだそうです。そのとき教会ではちょうど祈りの家が完成したところでしたが、敷地の美化はまだ終わっていませんでした。私たちは祈りの家の北側に「斧を埋める」ことにしました。そこがうってつけの場所だったからです。私たちは預言的な行為として、少人数で斧を埋めました。先住民が使っているまさかりをドナが持ってきてくれたので、私たちはそれを土に中に埋めました。

それはこの地域のために共同で行った最初の預言的行為となりました。私はドナや多くのとりなし手たちとともに、シャスタ郡を巡回して祈りを捧げ、霊的なきよめを行いました。それは主にある和解の使者として、次のようなメッセージを語っているのです。「神さま、私たちは自分たちに和解をもたらす責任があることを知っています。私たちは今、その責任（所有権）を取っています。あなたがなぜと言われることを、なぜと言われる時にすべて行うつもりです。ですからそのやり方を教えてください」と。

何年も前のことですが、私はレディングで行われたカンファランスに参加しました。カンファランスの講演者は、ファースト・ネーションズの指導者でした。彼がファースト・ネーションズの先住民を支援する働きについて話していたとき、先住民を財政的に支援することについて触れました。私はそれを聞いて、自分たちの身を削って果たすべきことがあると思わされました。私たちはドナを通してウインツ族とのかかわりは持っていたものの、それだけで終わっていました。教会の長老の一人もカンファランスに参加していましたが、彼もやはり先住民の財政支援の話しを聞いて、ウインツ族のために献金してはどうかという旨のメールを私たちに送ってきました。私が、夫と私を部族会議に参加させてもらえないかとドナに相談したところ、彼女が機会を備えてくれました。一方教会では、手紙と一緒にウインツ族に小切手を渡す手はずを整えました。その手紙には、この地域のもともとの地主はウインツ族であるという文面とともに、私たちがウインツ族を尊重している旨がしたためられていました。私たちは、教会が存続する限り毎月ウインツ族に小切手で献金すると決めたことを、ベテル教会の人々にも説明しました。その晩の部族会議では、参加者全員が涙を流して喜んでくれました。私はその光景を生涯忘れないと思います。ウインツ族全員と私たちの間に和解がもたらされたことにより、街の霊的な雰囲気が一変してしまいました。もちろん心の痛みが完全になくなったわけではありません。しかしウインツ族との間に友愛が生まれたことは確かです。今後も私たちはウインツ族のために祈り、必要な支援をしていきます。その晩の会議では様々な贈呈品が交換されましたが、そのひとつはウインツ族から授与された一本の花蘇芳《はなずおう》の木でした。私たちはその木を祈りの家の庭に植えました。それ以来、友好のしるしとして、他の種類の木も部族からいただくようになりました。

会議の直後、ファースト・ネーションズの部族問題がニュース番組で取り上げられるのを見ました。まだ未解決の問題はありますが、和解の機運が醸成しつつあります。敬われるべき人が敬われたのです（ローマ一三・7参照）。

聖書の中には、とりなし手のお手本が数多く見られます。もちろん最高の手本はイエスさまです。「完了した」（ヨハネ一九・30）と言われたとき、イエスさまは地上での最後のとりなしをされました。忘れないでください。とりなし手とは、自分以外の誰かのため、特に罰せられようとしている人のために、権威のある存在に向かって乞い願う人のことです。イエスさまは私たちの身代わりとして、神さまと罪の間に立ってとりなしてくださいました。単に身代わりになっただけでなく、罪そのものになられたのです。

神は、罪を知らない方を、私たちの代わりに罪とされました。それは、私たちが、この方にあって、神の義となるためです。（第二コリント五・21）

肉によって無力になったため、律法にはできなくなっていることを、神はしてくださいました。神はご自分の御子を、罪のために、罪深い肉と同じような形でお遣わしになり、肉において罪を処罰されたのです。（ローマ八・3）

私にとって忘れることができないもうひとつの出来事は、二〇〇四年七月四日に行われたレディング市の日時計橋の開通式です（左の写真はその日時計橋）。市は真っ先にウインツ族の酋長を招き、橋のために祈りを捧げてもらいました。集まっていた群衆が橋の片側で見守る中、酋長とウインツ族評議会の代表者が反対側から歩いて橋を渡りました。私はレディング市の歴史の中で、これほど部族に敬意を表した出来事は聞いたことがありません。街中が式典を見守りました。そのときとりなし手たちの何人かは涙していました。なぜならこの出来事が、あの部族会議でなされた和解のドミノ効果であることを知っていたからです。評議会の代表者が祝辞を述べ終わると、酋長の隣りに立っていた酋長のお母さんが私のほうを見て、口の動きで「あ・り・が・と・う」と伝えてきました。私たちには彼女の気持ちが手に取るようにわかりました。

自分自身を出来事の責任者の立場に置くこと、それが所有権です。ビジネスの場では、そのビジネスを公共の益とするために、所有者は自分の義務を果たさなければなりません。とりなし手である私たちも同じです。自分の地域が神さまの益となるよう、如何なる義務も厭わずに果たす必要があります。私たちの地域で罪を犯した人の代わりに悔い改めることを、私たちは「同一視の悔い改め」と呼んでいます。

シャスタ郡ではマリファナの収穫期が二ヵ月半あります。シャスタ郡の大部分は僻地で、カリフォルニア州の北端に当たる丘陵地帯であるためマリファナ栽培が盛んですが、この傾向はシャスタ郡に限ったことではなく、周囲の郡でも同じことです。そういった地域ではマリファナ栽培は大きな資金源になっています。マリファナ栽培によって得た資金は、他の麻薬の製造に使われます。昔、私が教員助手をしていたときは、教師たち全員に麻薬乱用防止教育の受講が義務付けられていました。その授業では、マリファナは麻薬の登竜門であるため、マリファナを使用し始めた場合、それは他の麻薬

使用に発展すると教えられました。またマリファナが一層危険な麻薬を買うための資金源になっているとも教えられました。

教会のある姉妹によれば、彼女の息子さんが、シャスタ郡の麻薬ビジネスについて私に話したいことがあるとのことでした。その息子さんはクリスチャンではなく、麻薬の売人だそうです。私は了承し、彼に会って話すことにしました。息子さんはシャスタ郡一帯に関する興味深い話をいろいろとしてくれました。彼の話はとても情報に富んでおり、祈りの原動力となる知恵を随分受け取ることができました。私は戦略的に祈ることができるよう、神さまにお願いしました。

私はテレビで天気予報を見、地方新聞のお天気欄を読むのが好きなのですが、夫には私のそういうところが理解できないようです。私としては、天気は予言的でなければならないと思っています。天気によって、その日一日がどうなるかわかるからです。私は二週間くらい前から、シャスタ郡周辺の麻薬組織に関して祈っていました。ある朝、新聞のお天気欄に目を通していると、月齢の欄に目が留まりました。それまでは月齢欄には無関心でしたが、その朝は違っていました。その小さなスペースには満月と新月の日時が書かれていました。私はその日時を記憶に留め、新聞を閉じました。その情報を手にした私は聖書を開き、通読箇所の続きを読み始めました。詩篇八一篇でした。四節まで読んで中断しました。そこにはこうあります。

われらの祭りの日の、新月と満月に、角笛を吹き鳴らせ。それは、イスラエルのためのおきて、ヤコブの神の定めである。（詩篇八一・3～4）

私はそれ以上読み進むことができずにいましたが、たった今、新聞で読んだ月齢のことが通読箇所にも出て来たことは偶然ではなかったことに気づきました。そのとき、自分がすべきことがわかりました。これは御霊の言葉と呼ばれる現象です。それはまさに、内なる人（自分の霊）が天の動きを捉えた瞬間です。カリフォルニア州の北端に行き、日の出時に月に向かって角笛を吹く必要があると私は感じました。これは経験によって学んだことですが、日の出に祈ると天が開くのです。それは天から地上に向かって、直接光が差し込むような感じです。友人のひとりが先住民の霊的指導者に会ったとき、彼女を見るなり彼がこう言いました。「ほう、あなたは早朝に祈っているでしょう。」「ええ、そうですけど。」「日の出に祈ってごらんなさい。天が開きますよ。」

この情報をもとに、私は友人に電話して状況を説明し、彼女にも一緒に来てもらえるよう頼みました。私たちは次の月齢まで待ってから州の北端に行きました。ちょうど日の出の時間に到着した私たちは、角笛を吹き鳴らしました。そして車の中に戻って祈りました。そのとき私の口から次のような言葉が出てきました。「主よ、私たちは魔術の霊がこの地域に入り込んだのに気づきませんでした。そのことをお赦しください。」カリフォルニア州のために叫び始め、神さまに罪の贖いと憐れみを乞い求めると、深いとりなしの祈りに導かれました。いつものとおり喜びと賛美をもって祈り終え、帰路につきました。

そのときは折しも、マリファナの収穫期でした。一週間後のある日、新聞を開くと、最初の祈りの答えを見ることができました。警察による麻薬の取締りが行われたのです。その後、二ヵ月半にわたり、毎日のように続々と「良い」収穫の実を見ることができました。それればかりかマリファナ以外の麻薬の取り締まりも行われました。州連絡高速道路5のレディングから少し南に行ったところをレンタルトラックが走っていたのですが、タイヤが溝にはまって横転し、メタンフエタミン(とても危険な麻薬の一種でヒロポンとも呼ばれる)がこぼれ出てしまいました。別の機会には、男が運転するトラックが違法な車線変更をしたためハイウエイ・パトロールに止められました。それだけでは逮捕されませんが、そこへ警察犬を乗せた別のパトカーがやって来ました。その警察犬は麻薬取締りの訓練を受けていたのです。警官がトラックを調べると、なんと百十万ドル相当のコカインが見つかりました。男はカナダに向かっているところでした。新聞の発表によると、収穫期が終わる頃にはシャスタ郡で史上最高のマリファナ検挙率になったとのことです。そんなとき私に麻薬の情報をおしえてくれた青年から電話が来ました。彼が言うには、カナダにいる友人から電話が来て、麻薬がほとんど入ってこないけど、どうなっているのか尋ねられたそうです。

この若者があの日、教会から帰るとき、私は彼に、そのうち自分のあるべき姿に気づくでしょ

う と言いました。二週間もしないうちに、若者は主を信じ救われました。後に彼は、ベテル教会のミニストリースクールも卒業しました。凄いでしょう！　ひとつの大きな計画が功を奏し、祈りが聞かれたことによって、心踊る体験をすることができました。

レディング市における教会の働きによって、市の指導者と教会の指導者の間に連帯が生まれたことは素晴らしい業績です。私たちは時折昼食をともにし、会合を持っています。ある会合で、保安官はレディング市の治安状況について尋ねられました。その日、保安官が話したことの中には芳しくない内容もありましたが、それを聞いたことにより、霊的な指導者として一層効果的な祈りができるようになったのは良かったと思います。彼の報告の中で嬉しかった点は、警察が街の麻薬問題で努力していることでした。保安官は、警察が大麻伐採計画を完了したことについて報告していました。二週間で二十八万四千本の大麻を刈り取り、季節の終わりまでには三十六万五千本を伐採する予定だとのことでした。大麻は五千本で十六億ドルになるそうです。

州境で私たちが「主よ、私たちは魔術の霊がこの地域に入り込んだのに気づきませんでした。そのことをお赦しください」と祈ったことの詳細を述べるために、少し遡って説明したいと思います。聖書には魔術に関して述べている聖句が三箇所あります。第二歴代誌三三・6、ガラテヤ五・20、黙示録一八・23です。第二歴代誌三三・6の「呪術」という言葉はヘブル語でカシャフという、「呪術を行う」「呪術師」「魔女」という意味です[注2]。ガラテヤと黙示録の聖句にある「魔術」

はファーマケイアというギリシャ語で、「麻薬、毒、魔術、不思議な技術などを使うこと」を意味します[注3]。あの日、私たちが州境で祈った祈りは間違ってはいませんでした。再び私たちは罪の責任（所有権）を取り、シャスタ郡にきよめがなされるよう祈っていたのですから。

このワードスタディーによって、私が云わんとしていることの意味がはっきりし、麻薬中毒者に関する理解が深まったと思います。麻薬は魔力のようなものです。麻薬中毒になり、悪魔の呪いの虜になってしまった人のために祈るときは、その人を破滅させた魔術について悔い改めることを忘れないでください。私たちは中毒者と神さまの間に立つ介在人なのです。

聖書にある所有権の物語の中でも、私が好きなのは創世記二六章です。

カナンの地に飢饉が起こり、イサクはエジプトに行くことにしました。途中でゲラルに立ち寄ります。そこで神さまがイサクに現れ、ゲラルに留まり、エジプトへは行かないよう命じます。二節で神さまは、「わたしがあなたに示す」地に住むようイサクに語ります（創世記二六・2参照）。三節から五節で神さまは、ゲラルに滞在するようイサクに語り、そこでイサクとその子孫を祝福すると言われます。

あなたはこの地に、滞在しなさい。わたしはあなたとともにいて、あなたを祝福しよう。それはわたしが、これらの国々をすべて、あなたとあなたの子孫に与えるからだ。こうしてわたしは、あなたの父アブラハムに誓った誓いを果たすのだ。そしてわたしは、あなたの子孫を空の星のように増し加え、あなたの子孫に、これらの国々をみな与えよう。こうして地のすべての国々は、あなたの子孫によって祝福される。これはアブラハムがわたしの声に聞き従い、わたしの戒めと命令とおきてとおしえを守ったからである。（創世記二六・3～5）

それで六節では、主の命令どおりイサクがゲラルに住んでいることが述べられています。十二節では、イサクがゲラルで種を蒔いたと述べられています（創世記二六・12参照）。でも七節から十一節で、イサクはリベカを妹だと言ってアビメレクに嘘をついています。読者はなぜ七節から十一節が挿入されているか、私のように不思議に思ったことはありますか。もちろんいろいろな理由があると思います。父であるアブラハムも同じことをしたから、その教訓として書かれたのかもしれません。あるいは、私たちが愚かなことをしても神さまが守ってくださることを教えているのかもしれません。イサクの小さな嘘は、別の人の死に繋がる可能性がありました。戦争に発展することがなかったと誰が言い切れるでしょうか。しかし神さまはすべてをご存知です。「しかし神さまは……」という逆説的な側面は、いつの時代も変わることがありません。次の聖句も同様です。

しかし、あわれみ豊かな神は、私たちを愛してくださったその大きな愛のゆえに……

（エペソ二・4）

私は右記の聖句のように、人間の弱さについて述べている聖書箇所が本当に好きです。私たちにどれほど神さまが必要であるかがじんわりと伝わってくるからです。物語を読み進むと、イサクがゲラルに住みつき、種を蒔いていることがわかります。神さまがイサクにゲラルに住むよう命じたとき、その意味しているところは「長期にわたって滞在しなさい。ここはあなたの土地だからだ」ということです。それが「滞在」と訳されている言葉の意味です。つまり「住民として生きる」ということです[注4]。そこで、イサクはそのとおりにしました。イサクは同時に、その土地に種を蒔きました。つまり彼は農夫だったということです。イサクがその土地で種を蒔き、その年に百倍の収穫を得たこと、また主がイサクを祝福したことを聖書は伝えています。イサクが大いに祝福され、繁栄したため、そこに住むペリシテ人は彼を妬んだと書かれています。王はイスラエル人に、その土地から出て行くようにさえ頼んでいます。

創世記二一章二十二節から三四節ではアブラハムが井戸を掘りましたが、アビメレク王のしもべたちが井戸を横取りしました。この横取りのため、王はアブラハムに、王とその民を大目に見て殺さないでほしいと頼んでいます。その同意に基づき、二人は契約を結びました。それは、井戸がアブラハムのものであることを示す契約でした。それゆえその井戸は、ベエルシェバ（誓いという意味）と呼ばれました（創世記二一・22〜34参照）。

読者は、井戸がどうしてそれほど大切なのか不思議に思っているかもしれません。イスラエルに行って、ベエルシェバのある南部を巡ってみれば、その地域で水が如何に貴重であるかがわかります。そこは乾燥地帯なのです。でもそれだけではありませんでした。いつ誰が井戸を掘ったとしても、その井戸の周囲の土地はその人のものになるからです。ですからアブラハムがベエルシェバに井戸を掘ったことは、「この土地は私とその子孫のものだ」という宣言でもありました。

創世記二六章一五節によれば、ペリシテ人はアブラハムが掘ったすべての井戸を塞いでしまいました（創世記二六・15参照）。ペリシテ人は単に井戸を使えなくしたのではなく、そこに井戸があった証拠すら見えなくして、その土地が自分たち以外の誰かのものである痕跡を消したのだ、と私は考えています。この箇所を調べてわかったことは、彼らは井戸をただ土で埋めたのではなく、動物の死体も埋めました。そうすることによって、もともとそこには何もなかったように見せかけたということです。動物は契約を結ぶために使われましたが、同じものが契約を破るためにも使われるとは興味深いと思います。

イサクはゲラルの地で種を蒔きながら、父親の井戸を探したのだと思います。聖書によれば、イサクはアブラハムが掘った井戸をすべて掘り直し、元の名前をつけました（創世記二六・18参照）。

イサクはその土地に来て、自分のものを見つけ出し、所有権を取り返したのです。その後イサクは、その地域にあと五つの井戸を掘りました。王は彼のところに来て言いました。「私たちは、主があなたとともにおられることを、はっきり見たのです。それで私たちは申し出をします。どうか、私たちの間で、すなわち、私たちとあなたとの間で誓いを立ててください。あなたと契約を結びたいのです」(創世記二六・28)。イサクはもともと自分のものであったものを取り返したに過ぎないのです。

私たちが自分の土地のために祈り、井戸を掘り直し(井戸は、かつてはいのちをもたらすものでした)、活ける水が出る新しい井戸を見出すとき、私たちはイサクと同じことをしているのです。イサクが自分の土地を取り戻したように、私たちも自分たちの土地を取り戻すのです。そのとき神さまは私たちに好意を示してくださり、人々がその好意が私たちに与えられているのを見て、その土地は神が与えたものだと知ることでしょう。

1　「bury the hatchet」というイディオムで、「仲直りする」「和睦する」という意味。

注

1 The New Webster Encyclopedic Dictionary of the English Language,
s.v.„ Reconciliation.„

2 “ The Old Testament Hebrew Lexicon„ Studylight.org,s.v.„ Kashaph,„
http://www.studylight.org/lex/heb/view.cgi?Number=3784 (accessed 19 Sept 2008).

3 Merriam-Webster, s Collegiate Dictionary, s.v.„ Dwell.„

第五章　喜びの模範であるイエス

　前述したとおり、私たち夫婦はカリフォルニア州ウィーバービルの教会で一七年間牧会をしていました。また、三人の元気な子どもたちを山間部の小さな街で育てられたことは、私たちにとって喜ばしいことでした。その教会はまるで家族のようでした。数年の間、復活祭の度ごとに、教会の行事としてイースター早天礼拝を持っていました。礼拝後、参加者たちは教会の人たちの家に行き、一緒に朝食をいただくのです。当時まだ三歳だった次男のブライアンにとって、その朝食は特別なものでした。ブライアンはその時をとても楽しみにしていました。というのは甘い物が食べられるからです。

　私たちが復活祭の朝食を食べている間、ブライアンはイースターエッグをなかなか食べることができませんでした。キッチンにあるシナモンロールに心を奪われていたからです。私はブライアンをなんとかなだめようとしましたが駄目でした。そこでビルが知恵を働かせました。玉子が乗ったプレートを持ってブライアンをキッチンに連れて行き、こう言いました。「ブライアン、この玉子を食べたら、シナモンロールを食べていいぞ。」するとブライアンは腰を下ろし、ビルに抱かれながら玉子を食べ始めました。食べている間もずっとシナモンロールから目を離しませんでした。食べ終わると、ついにシナモンロールをもらいました。ブライアンは目の前にあった喜び（シナモンロール）のゆえに、十字架（玉子）を忍んだのです。つまらない例えかもしれませんが、これは的を突いた例話ではないでしょうか。

とりなし手はこの世で一番幸せであるべきです。なぜなら神のご計画を知っているからです。神さまは善良なお方なので、ご自分の子どもたちには良いものを贈りたいと願います。とりなし手である私たちは、神さまが贈り物によって人の心に動機をお与えになるという事実を受け入れる必要があるのです。このことは聖書からもわかります。

信仰の創始者であり、完成者であるイエスから目を離さないでいなさい。イエスは、ご自分の前に置かれた喜びのゆえに、はずかしめをものともせずに十字架を忍び、神の御座の右に着座されました。（ヘブル一二・2）

地上におられた間、イエスさまは多くの忍耐をされました。それはご自分の前に置かれた「喜び」の約束のゆえでした。つまりイエスさまは、喜びを慕い求めていたのです。このことの中に、王の王、主の主である方が、人となることを選択された事実を見てとることができます。喜びのゆえに、主はひたすら忍耐したのです。それだけで忍耐するのに十分な理由でした。光と力と喜びで満ちた天におられたお方が、喜びのために人となられたのです。私は、喜びこそ主が地上での生と死を耐え忍ばれた理由だと考えています。

レディングにある私たちの教会には、小学校があります。学校では毎年、踊りの学芸会が行われます。テーマは天地創造やイエスの生涯、悪霊と天使の霊的戦いなどです。その中に、イエスが裁判にかけられ、鞭打たれ、十字架で死んでゆくのを天の御使いたちが見守るシーンがあります。天使たちはとてもやきもきさせられます。というのは、いつもはイエスを助けることができましたが、この時だけはイエスを守ってはいけないと命じられていたからです。このような状況をイエスさまは耐え忍びました。それは喜びのゆえだったたった、と聖書は教えています。

神の力を信じる者として、私たちは地上に天をもたらさなければなりません。天国は喜びで満ちているのですから、喜びこそ天の主な要素なのです。ですから私たちは、喜びを地上にもたらさなければなりません。

天には落胆などありません。ですからクリスチャンが落ち込むことは、理に適っていないのです。もし読者が落ち込んでいるのであれば、ご自分の人生を見直す必要があります。落ち込みの原因を見つけ出してください。そして天と地のために問題を解決してください。幸せで、喜びと活気に満ちた主の民が、喜んで愛し、仕える姿をこの世に見せなければならないからです。

たとい「不平を忘れ、憂うつな顔を捨てて、明るくなりたい」と私が言いましても……

（ヨブ記九・27）

「そうは言っても、世の中に起こる恐ろしい出来事をどう考えればいいのか。その影響を私たちも受けるのでは？」と読者は思うかもしれません。そのとおり。私たちもその影響を受けます。私は以前、ある教会員の女性と面会したことがあります。彼女は、レディングで行われているオカルトの情報を私に伝えたかったのです。彼女と話した後、私は祈りの家に向かいました。少し重々しい気持ちになり、耳にした一切のことについての、神さまの見解を知りたいと思ったからです。

祈りの家の庭に行くと幻が与えられました。幻の中で私は、イエスさまと一緒に馴染みのある場所にいました。イエスさまと私は、仲のいい女友だち同士のように手をつなぎ、肩を並べて歩いていました。そして、なにか二人で内緒話をしているようでした。私はイエスさまに、先ほど耳にしたことについて話していました。ふとイエスさまのもう片方の手に目を向けると、密かに何かを握り締めているようでした。私は何を握っているのかイエスさまに尋ねました。主が手を開くと、その手の中にあったのはこの世界全体でした。それを目にしたとき、私にのしかかっていた重圧感がすべて消え去りました。主が御手の中で万物を支配しておられることがわかったからです。

だからと言って、私がレディングの霊的状況のために祈ることをやめたわけではありません。でも、私が重荷を負うべきではないことがわかりました。なぜなら、すでにイエスさまが負っていたからです。主は一切の重荷を十字架まで負って行かれたのです。

イエスさまの十字架の功績の結果、私たちは「勝利を求めて」戦うのではなく、「全てに勝利を勝ち取った立場で」戦うことができるようになったのです。とりなし手である私たちは、イエスさまの十字架の功績のゆえに、すでに私たちのものとなっているもののために神に祈り、乞い願っているに過ぎません。

みなさんは、イエスさまが「完了した(終わった)」と言われたとき、天地で何が起きたか想像できますか？　悪霊たちは「やったぜ。俺たちの勝ちだ」と喜んでいたに違いありません。でもその三日後にイエスさまが死を打ち破ったとき、彼らは驚愕したに違いありません。そうです。それこそ、地獄の使いである悪霊たちにとっての終わりだったのです。彼らの企ては振り出しに戻り、計画を一から立て直さなければなりませんでした。でも天の軍勢にはイエスさまの言葉の意味がわかっていました。すべてが完了したのです。主が地上で成し遂げることになっていた一切のこと、私たちの模範になることも含めて、イエスさまはすべてを成し遂げたのです。

とりなし手である私たちにとって、地上でイエスさまが成し遂げたことを把握しておくことはとても大切です。イエスさまは捕らわれ人を解放するために来られました。また、病人を癒し、死人を蘇らせ、悪霊を追い出しました（ルカ四・18）。もし私たちが悲しみの態度をとり続け、十字架で完了したこと（すべての罪やそれに伴う感情）を負い続けるなら、私たちは主が人類のためになさったことを否定していることになるのです。

みなさんは、私が「負う」という言葉を使ったことに気がつきましたか。つまり私は、別の誰かの重荷を「負っている」人たちに対して語っているのです。その重荷は、すでにイエスさまが十字架で負ってくださいました。主は「完了した！」とおっしゃったのです。夫の説教の中に、「完了してしまっていることのどの部分がわからないのですか？」というタイトルのものがあります。私このタイトルの云わんとするところ、すなわち、未完了の部分などないことを心に刻むなら、私たちの祈りの生活は変わります。私たちはイエスの功績を確信できるようになり、神の国を地上に解き放つ者になるのです。

私は、祈りの重荷が与えられ、深い祈りが導かれることなどない、と言っているのではありません。確かにそのような祈りが導かれることはあり得ます。ただ、その重荷を祈り以外の場に持ち出すべきではないと思うのです。とりなし手のための変換ソフトがあります。重荷は主に委ね、私たちは安息を受け取る、というものです。

私が気づかされたことがあります。それは、憐れみの賜物を与えられている人は、そうでない人と比べて、重荷を背負い込んでしまい、より一層の苦労をするということです。憐れみの賜物の人は、憐れみと公平がもたらされない限り、心を落ち着かせることができません。さもなければ、心の痛みや傷を抱え込んでしまう恐れがあります。そうであることは、その人たちの目を見ればわかります。その場合、その重荷は「満たされない憐れみ」となり、その人たちは独力でそれを担うようになるのです。最善の解決方法は、更に深く神さまの懐に飛び込み、言葉を受け取ることです。私の場合、幻の中でイエスさまの手の中に小さな世界があるのを見たことによって、すべての恐れと思い煩いが消え去りました。

恐れという要因

恐れは私たちの敵です。みなさんは、神の国と無関係な日常の問題が、恐れの原因になっていることにお気づきではないでしょうか。以下は、「馴染みの霊」に関する覚え書きです。馴染みの霊とは、私たちが当たり前のように慣れしたしんでいる考えや思いを通して、無意識のうちに働き掛けてくる悪霊のことです。時には、私たちにとって慰めになるようなことさえ行います。そのため私たちは、油断して気を良くしてしまうのです。神さまの強い働きかけを受けるなら、馴染みの霊に対抗する術を得ることができます。

ウィーバービルの教会にいたとき、夫は金曜日の夜に祈りの集会を導いていました。あるとき私は、その集会に遅刻してしまいました。私は負い目を感じ、落ち込みました。当時私たちは働きの大きな転換期の只中にあり、気が滅入っていました。そんな中で私は、つい馴染みの霊に心を開いてしまったのです。本来はもっと聡くあるべきでしたが、私は少し感傷的な気分に浸ってしまいました。それは私の過ちでした。会場に入った私は、夫のそばに歩いてゆき、キーボードを弾きながら礼拝を導いている夫の足元に座りました。後になってから夫に言われたのですが、私が腰を下ろしたとき、私の足元に小さな悪霊が見えたそうです。夫が屈んでその悪霊を振り払おうとすると、悪霊は去っていく瞬間に夫に噛みついたそうです。

突飛かもしれませんが、私はその悪霊は、私を傷めつけるために送られてきた馴染みの霊だと思っています。その夜、私は大切なことを学びました。神さまは人に自由をお与えになりますが、その自由を受け取ることは私たちの責任だということです。私たちは、束縛の中にいた頃に持っていた肉的な感情や思いに、心を開いたままでいてはいけないのです。心を開いてしまうと、傷みを招き入れることになるからです。夫の霊的見分けのお陰で、私はその夜、なじみの霊から解放されました。第二コリント一〇・3〜5に書かれているのは、まさにこのことです。

私たちは肉にあって歩んではいても、肉に従って戦ってはいません。私たちの戦いの武器は、肉の物ではなく、神の御前で、要塞をも破るほどに力のあるものです。私たちは、さまざまの思弁と、神の知識に逆らって立つあらゆる高ぶりを打ち砕き、すべてのはかりごとをとりこにしてキリストに服従させ……

イエスの喜び

この世には多くの苦しみがあります。イエスさまも苦しまれました。でもイエスさまは、ご自分の強さの源をご存知でした。天の喜びの素晴らしさを、体験的に知っておられたのです。天はすみからすみまで喜びに満ちています。私たちも彼の日には主の喜びの中に入ると、聖書は教えています（マタイ二五・21参照）。イエスさまが地上で生きておられたとき、たとえ苦しみの只中に置かれていても、喜びながら生活しておられたに違いありません。イエスさまこそ、地上の生活の完璧な手本であることを忘れないでください。「パッション」という映画の中に、イエスさまが自宅でテーブルを作っている場面があります。そこに母のマリアがやって来て、二人で楽しそうに笑うのです。それが私のお気に入りのシーンです。もちろんそれは作者のフィクションですが、実際のイエスさまもそのように生活しておられたと私は思うのです。イエスさまはいつも良く笑うお方で、人生を楽しむことを知っておられたと思います。だからこそイエスさまには、天の喜びを地上にもたらす力があるのです。

私たちがいのちと喜びと地上での神のわざを心の糧としているなら、私たちもイエスさまと同じように生きることができるはずです。でも、いつも悪い知らせにばかりに心を向けているなら、恐れと絶望に駆られて生きることになります。

喜びの証

私は想像を巡らすのが好きです。神さまは人間に想像力という素晴らしい賜物を与えてくださいました。私は聖書を読むとき、物語の全体像をつかむために想像力を働かせています。イエスさまが病人を癒すとき、みなさんはそこに何を見出しますか。主は単に人を癒しただけでしょうか。それとも主の周りには、喜びが沸き起こったのでしょうか。私たちが病人のために祈り、癒されたなら、大きな喜びが沸き起こります。みんなが嬉しくなります。嬉しさのあまり踊りだす人だっています。そういうところは、イエスさまや弟子たちも同じだったのではないかと、私は思うのです。盲目の人が見えるようになったときや、生まれつき耳の聞こえなかった人が、生まれてはじめて音を聞くことができたとき、人々は興奮し、喜びに溢れました。私たちもそういう生活をするべきだと思います。私たちは天を解き放つ者ですが、それは同時に、天に満ちているものを解き放つことでもあるのです。

みなさんは、マルコ五章・三八節〜四二節でイエスさまが少女を生き返らせたとき、周囲で喜びが沸き起こったと思いませんか。メッセージ・バイブルという英語の聖書がありますが、それでこの箇所を読むと、喜びが沸き起こっている様子がわかります。

ヤイロの家に着くと、だれもかれもが取り乱し、大声で泣いたり、わめいたり、たいへんな騒ぎです。

これを見たイエスは、中に入られ、「なぜ、泣いたり、わめいたりしているのですか。子供は死んだのではありません。ただ眠っているだけです」と言われました。それを聞いた人々は、イエスをあざ笑いました。しかしイエスは、全員を家の外に出されると、娘の両親と三人の弟子だけを連れて病室に入られました。

そして娘の手を取り、「さあ、起きなさい」と声をおかけになりました。するとどうでしょ

イエスが少女の手を取って「タリタ・クム」、少女よ起きなさい、と言うと、少女はぱっととび起き、ぐるぐる歩き回るではありませんか！　娘はこの時、十二歳でした。両親は、われを忘れて大喜びしました。（マルコ五・38〜42、リビングバイブル、斜体はメッセージ・バイブルを直訳）

気に入っていただけましたか。「両親は、われを忘れて大喜びしました」とあります。これこ

そキリストの実生活だったのです。主は地上に天をもたらしました。もちろん天においても、大きな喜びが沸き起こりました。天は私たちの上に、今にも下りて来ようようとしているのです。ヨハネ一〇・10でイエスさまは「盗人が来るのは、ただ盗んだり、殺したり、滅ぼしたりするだけのためです。わたしが来たのは、羊がいのちを得、またそれを豊かに持つためです」と言われました。そして第一ヨハネ三・8は「神の子が現れたのは、悪魔のしわざを打ちこわすためです」と言っています。

これを読んだ私たちは、飛び跳ねるばかりに嬉しいはずです。でももっと素晴らしいことが語られています。

マタイ二八章・一八〜一九節を読むと、私たちに権威が移譲されているのです。以下はイエスさまの言葉です。

わたしには天においても、地においても、いっさいの権威が与えられています。それゆえ、あなたがたは行って、あらゆる国の人々を弟子としなさい。そして、父、子、聖霊の御名によってバプテスマを授けなさい。（マタイ二八・18〜19）

主はご自分の権威を私たちに手渡して、行きなさいと命じ、行って、主が命じておられることをせよと言っています。マタイ一〇章・八節では、「病人をいやし、死人を生き返らせ、ツァラアトに冒された者をきよめ、悪霊を追い出しなさい。あなたがたは、ただで受けたのだから、ただで与えなさい」とも命じておられます。

喜びの瞬間

喜びの生活に関するお話です。私たちが世界のいろいろな所に旅をすると、多くの人のために祈れる喜びがあります。私が一番嬉しく思うことは、神さまに関するメッセージを多くの人に伝えることができることです。神さまは機嫌の良いお方で、喜んでみなさんを祝福してくださいますというメッセージを人々が受け取ると、その人たちはイエスさまと同じことを行う権威を持つようになり、それを用い始めます。その人たちが病人のために祈ったり、按手によって、はじめて病人が癒されたりするのを見るのは、本当に素晴らしいことです。まさに大いなる喜びの瞬間です。

あるとき私たちはメキシコで癒しのクルセードを行いました。集会が終わる前に、ビルがチームを呼んで病人のために祈らせました。私たちは自教会から奉仕チームを連れて来ていたのです。チームの中のある男性は、病人の癒しを祈った経験が一度もありませんでした。彼のもとに祈りを求めてやって来た最初の人は、片方の耳が聞こえない人でした。男性が祈り始めると、なんとその人は完全に癒されてしまったのです。祈った本人を含めて、周りにいた人はみな大喜びしました。そこで、耳の癒しを求めて来る人は彼のところに行ってもらおうということになり、彼の前には行列ができました。その夜、彼のところに並んだ人は、一人を除いて全員癒されました。その夜、たくさんの人が喜びながら帰って行きました。癒しと喜びが解き放たれ、悪魔のわざは打ち砕かれました。神さまの勝利です。

神さまの願いは、人々に喜びをもたらすことです。喜びは天のパルス（波動）です。さあ、喜びを地上にもたらしましょう！

第六章　三つの領域

私がとりなしの道を歩み始めたとき、「そうね。私はとりなし手になりましょう」と言って歩み始めたわけではありません。そうではなく、単に天国の第三の領域に落ちていったのです。つまり聖霊に対する狂おしいほどの愛の中に落ちたのです。あるとき私は、それまで体験したことのなかった霊的領域、すなわち聖霊の臨在を味わいました。そしてその味覚に酔いしれるようになり、聖霊の臨在の中にいつまでも留まっていたいと願うようになったのです。

私たちがこれまでの奉仕旅行で感じていたことは、行くところどこにでも、神さまの喜びを運んでいくことの大切さでした。それは天から受けた使命です。忘れないでいただきたいのは、天には大いなる喜びがあるということです。そしてそれこそが、地上での生涯の働きにおいて、手本とすべき喜びだということです。

御子については、こう言われます。「神よ。あなたの御座は世々限りなく、あなたの御国の杖こそ、まっすぐな杖です。あなたは義を愛し、不正を憎まれます。それゆえ、神よ。あなたの神は、あふれるばかりの喜びの油を、あなたとともに立つ者にまして、あなたに注ぎなさいました。」

（ヘブル一・8～9）

この箇所で、神さまは御子イエスについて語っておられます。イエスさまが義を愛し不正を憎んだがゆえに、神さまはイエスさまに喜びの油を注がれました。イエスさまは他の兄弟に増して、より一層大きな喜びを持っていました。だからこそ十字架を耐え忍んだのです。このことからわかるのは、喜びこそ天にある最高の宝だということです。その喜びの油をもって、神さまはイエスさまを油注いだのです。この箇所で使われている「喜び」という言葉は、（日本語の聖書はもともとそう訳されていますが）「あふれるばかりの喜び」という意味です。イエスさまは、「あふれるばかりの喜び」で油注がれていたのです。イエスさまは私たちの模範です。ということは、私たちも同じ油注ぎを持ち運ぶべきだということです。ヘブル語辞典によれば、「油注ぎ」とは「塗りつけること」を意味します。ニューワールド辞典によると「油注ぐ」とは、油や軟膏を塗りつけることです。つまりイエスさまは、いつもあふれるほどに喜んでいた、ということです。

イエスさまの御前にいるとき（ご臨在の中にいるとき）、私たちはその喜びに触れることになります。長年連れ添った夫婦が似た者同士になることは、読者もご存知だと思います。でも、それだけではありません。夫婦は行動パターンまで似てくるのです。私たちがイエスさまと多くの時間を過ごせば過ごすほど、私たちはイエスさまに似た者になるということです。あなたは、より一層大きな喜びがほしいですか？　それなら、詩篇の著者が七三篇でしたのと同じことをしてください。詩篇の著者は神さまの御前に出て行き、思いを注ぎ出しました。神さまのご臨在を見出したのです。私たちも神さまの御前に行く必要があります。そして新しく変えられるまで、神さまのご臨在の中に留まる必要があるのです。

私の友人の中には、祈るために世界中を旅することが大好きという、恐ろしいほど熱狂的なクリスチャンが何人かいます。彼女たちとはじめて旅したところはアラスカでした。ある日、私は長い時間祈り続けていました。祈りの対象はアラスカでした。聖霊が新しい思いをくださると、私はそれを黙想し始め、そのことのために祈り始めます。アラスカの場合もそうでした。ある日私は、自分がアラスカのために祈っていることを熱狂的な友人の一人に何気なく話しました。すると彼女もまた、アラスカのために祈っていると言うのです。私たちがこの霊的な一致に関して、さらに追求すべきであることは明白でした。彼女と私は祈っている事柄についていろいろと調べ、導きを求めました。そしてアラスカに行くことにしたのです。

次に私たちが決めなければならなかったことは、アラスカのどこに行くかでした。天から導きが与えられるときというのは不思議なもので、動き始めると次から次へと確証となる出来事が起こるものです。教会員の若者が、夢を見たと言って私のところにやって来ました。彼はその夢を見た後、それを私に伝えなければならないと感じたのだそうです。もちろん彼は、私たちがアラスカ旅行を計画していたことなど知りません。夢の中で、彼は旅の一行を北に向かって先導していたそうです。彼の傍らには天使のガイドがいました。一行は二番目の平野に行きました。そこは素敵な場所だったので、しばらくそこに滞在することにしたそうです。しかし天使のガイドは、そこには滞在せずに、もっと北に行けと言ったそうです。その第二の平野の名前はシヌアルでした。彼が目覚めると、ある聖書箇所が示されました。創世記十一章です。創世記十一章は、バベルの塔の物語の箇所です。二節には「**そのころ、人々は東のほうから移動して来て、シヌアルの地に平地を見つけ、そこに定住した**」とあります(創世記十一・2)。シヌアルとはバビロンです。何世紀もの間、そこは地球上で一番肥沃な土地だと考えられていました。その若者がこの夢を私に話してくれたとき、私はその夢には何か意味があると思わされました。

話は遡りますが、私は以前、ジョージ・オーティス・ジュニアの名著「トワイライト・ラビリンス(黄昏の迷宮)」[注1]を読んだことがありました。私は歴史物が好きです。私がアラスカ旅行に関する知恵を得ることができたのは、その本と夢のお陰です。本の中で著者は、集団で移住する人々について述べていました。創世記十一章六〜八節で三位一体の神さまは、次のように語っておられます。

「彼らがみな、一つの民、一つのことばで、このようなことをし始めたのなら、今や彼らがしようと思うことで、とどめられることはない。さあ、降りて行って、そこでの彼らのことばを混乱させ、彼らが互いにことばが通じないようにしよう。」こうして主は人々を、そこから地の全面に散らされたので、彼らはその町を建てるのをやめた。

神さまは降りて行き、人々の言葉を混乱させました。

神の民は少しずつ背き始め、天の臨在から遠ざかるようになり、彼らの父祖が持っていた神さまへの忠実さを失ってゆきました。彼らは神さまを見失ったのです。創世記十一章・四節で民は、自分たちの名声のために町を建てようと述べています。フランシス・シェイファーはこのことを「第一回目の人本主義宣言」と呼んでいます注2。問題なのは塔を建てるという行為ではなく、その背後にあった心の姿勢です。

神さまは降りて行って人々の言葉を混乱させました。そのときから世界の至る所で、移住者の集団移動が始まったのです。そして移民団の一部は、ベーリング海峡を経てアラスカにやって来ました。ここで重要なのは、彼らがアラスカに何を持ち込んだかです。それはシャーマニズムというアジア大陸北部の宗教です。シャーマニズムでは、シャーマンと呼ばれる呪術師が強力な悪霊と人間の仲介をします。

天の門で祈る

私たちはベーリング海峡を経由することにしました。その行程によって持ち込まれたもののためです。私たちはアラスカのノームを目指すことにしました。ノームはロシアとアラスカに隣接しており、その地域の門のような地点だからです。ノームに行った私たちは、神さまがその地に癒しと贖いをもたらし、門を開いてくださるに違いないと感じました。私たち八人がアラスカに旅立つまでに、二年かかりました（八という数は新しい始まりを象徴します）。女性ばかり八人でアラスカに行くので、話の種が尽きることはありません。

アンカレッジからノーマへの便は早朝だったため、空港で一泊することにしました。素晴らしい眺めでした。（でも空港で夜を明かすときは、床の上では寝ないほうがいいです。特にアラスカでは、とても冷えますから。）朝になり私たちが飛行機に搭乗すると、フライトアテンダントの女性から、女性ばかり八人でノーマに何をしに行くのか尋ねられました。男性がハンティングをしにアラスカに行くというのであれば合点がいきます。でも女八人でノーマとは少し不自然です。確かにノーマには、これといった名所もありません。せいぜい犬ぞりレースの終着地点になるくらいで、観光名所は何ひとつないのです。

私たちは彼女に、霊的な門を開くために祈りに行くのだと答えました。それを聞いた彼女は、とても興奮した様子でした。というのは、彼女も同じことをしていたからです。二週間ほど前、彼女はチームを引率してアラスカのバローに行き、霊の門を開いてきたというのです。（私は天には霊的な門が存在すると信じています。神さまの支配を広げるには、それらの門を開かなければなりません。その門は「入り口」と呼んでもいいと思います。これらの門または入り口を開くことは、その地域に天をもたらすための足がかりになるのです。）彼女の話を聞いた私たちも興奮しました。

この話にはまだ続きがあります。フライトアテンダントの彼女があとで話をしに来てくれたのですが、そのとき彼女は、私たちがどこから来たのかを尋ねました。私たちがカリフォルニアからだと答えると、彼女はますます興奮したのです。というのは、彼女は一年前に、カリフォルニアからチームがやって来るという預言の言葉を受けていたからです。そのチームが来て、霊的領域で門を開くという預言でした。それを聞いた私たちが、みな興奮したことは言うまでもありません。このとき私たちは、自分たちがしようとしていることに大切な意味があることを確信しました。

ノームでの祝福

私たちはノームに到着し、ホテルに行きました。まずホテルの部屋で祈りの時を持ち、そのあと街に出て祈ったほうがいいと感じました。私たちはとりなし手として祈るとき、かなり興奮して祈る場合があります。ときには大声を出すこともあります。今回も例外ではありませんでした。地域の霊的解放を宣言し、預言を語りました。すると一人の天使がやって来て、ノームの地に出て行くのが見えました。チームのある女性はホテルの部屋の真ん中に立って異言で祈り始めたのですが、インディアンが使う言葉のような感じの異言で、驚くほど力強い響きがありました。祈りの時の最後には、聖なる笑いが起こりました。それは私たちには初めての体験でした。私はあの日、私たちがしたことの中で一番大きな効果があったのは、あの聖なる笑いだったと今でも思っています。

祈りの時を終えると同時に、ドアをノックする音が聞こえました。私たちはホテルの中で騒ぎすぎたため、追い出されるのではないかと思いました。ドアを開けてみたところ、そこにはホテルの女性従業員が三人立っていました。私の記憶では、女性の従業員は彼女たちだけです。彼女たちは石鹸やシャンプーを手にしていたのですが、私たちはオーダーしていませんでした。彼女たちが来たのは、ノームのために祈りに来た私たちに感謝の意を伝えるためでした。彼女たちが言うには、今までノームのために祈りに来た人など一人もいなかったそうです。私たちにとって、その言葉を聞けただけでもノームに来た甲斐があったと思いました。私たちの行為は、出て行って場所や人々を祝福し、小さな街に神意をもたらすという些細なものかもしれません。しかし天の協力者として行動し、祝福をもたらすことは、実に興奮に満ちているのです。

ホテルでの祈りの後、私たちは街に出て歩き始めました。私は、一本の古い鍵を持ってきていました。私たちはどこに行くときも、その地域の霊的解放を告げる象徴預言の行為として、そこに鍵を置いていくことにしています。そういうわけでその鍵も、アラスカの人々を解放するためにベーリング海に投げ込みました。

私たちが一軒のバーを通り過ぎようとしたとき、一組の夫婦がバーから出てきました。私たちが二人に話し掛けたところ、女性のほうが病気であることがわかりました。私たちは彼女のために祈ることになり、心を込めて奉仕することができました。カリフォルニアにいるアメリカインディアンの友人から、アラスカの人にプレゼントしてほしいと言われて、手作りのジュエル・アクセサリーをいくつか預かっていました。そこで私は、アメリカインディアンの友人からだと告げて、その女性にネックレスを渡しました。とても楽しいひと時でした。

そのあと大通りに行くと、私たちは別の若い女性に出会いました。写真を撮ってもらえないかと彼女にお願いすると、彼女は私たちがこの街に来た理由を尋ねてきました。そして彼女はこう言ったのです。「よかったら私の家に来ませんか。一年前にこの街に引っ越してきたのですが、私もアラスカ全体のためにずっと祈っているんです。」驚きました。神さまの摂理がまたひとつ。私たちは彼女のお宅にお邪魔しました。彼女は地図や資料を広げました。私たちは彼女と一緒に床にはべり、アラスカのために祈りました。それは栄光あふれるひと時となりました。私たちは、そのあと二時間も彼女の家に居座ってしまったのです。なんてことかしら！

翌朝、私たちは早い時間に起床してノームを発ちました。すると飛行機には、行きの便と同じ搭乗員の女性がいました。彼女は私たちを見つけ、ホッとしたようでした。私たちのためにずっと祈ってくれていたそうです。また、私たちがその便に乗れるようにも祈っていたそうです。というのは、とても大きな嵐が近づいていて、その便を逃すと数日間、ノームからの便がなかったからです。そうなれば何日間も足止めを食っていたことでしょう。

この旅行から戻った二日後、一行の中の一人から私に電話がありました。彼女が言うには、インターネットでノームのその後の様子を調べていたそうです。ノームの地元紙によると、唯一人の女性連邦裁判官がノームを訪れて、原住民に関する問題の法的解決のために懇談することになったそうです。同紙によると、女性裁判官がアラスカで訪問する予定の二〇箇所のうち、ノームは八番目だとか。今回のアラスカ旅行はどうやら成功だったようです。そしていつまでも心に残る体験となるでことしょう。私たちの祈りの世界旅行の口火を切ることになった今回のアラスカツアーは、その後も働きが続くことをあたかも約束しているかのようでした。このときを境に、私たちは多くの国々や地域に、このような祈りのツアーをすることになりました。

様々な領域

とりなし手には、霊的領域で起きているいろいろな事柄に気づく能力があります。ただ、どうやらとりなし手は、悪魔がやっている事柄に意識が向きすぎて、神さまがなさっていることに目を向けないことが往々にしてあるようです。大切なのは「悪魔が何をしているか」ではなく、「神さまが何をしておられるか」です。これは神の民に例外なく言えることです。注意してください。とりなし手が悪霊のしていることに気を取られてしまい、そこで立ち止まり、そこに留まってしまうのです。その人たちは第一番目の領域(物質的な世界)と第二番目の領域(悪霊や天使の世界)で留まっているのです。

詳しく説明します。聖書は、三種類の「領域」があると述べています。この「領域」という言葉には、地域、範囲、分野などの意味があります[注3]。聖書は第一の領域、第二の領域、第三の領域について具体的に述べています。第一番目の領域は肉の目で見ることができる領域、つまり物質的な世界です。「わたしはまた、新しい天と新しい地とを見た。最初の天と最初の地は去って行き、もはや海もなくなった」(黙示録二一・1、新共同訳聖書)。この箇所での「最初(第一番目)の天」とはこの世の領域、あるいは今この瞬間、肉の目で見えるものです。私たちの体や家、街などはこの世の領域に存在しています。申命記一〇章・一四節には「見よ。天ともろもろの天の天、地とそこにあるすべてのものは、あなたの神、主のものである」とあります。新米標準聖書大辞典によると、「天」という言葉には、「占星術、方位磁石、地球、天、もろもろの天、最高の天の意味があり、神は初めからそれらを、地やもろもろの天、最高の天として創造しました」注4。

第二の天、あるいは黙示録一四章・六節にある「中天」(「また私は、もうひとりの御使いが中天を飛ぶのを見た。彼は、地上に住む人々、すなわち、あらゆる国民、部族、国語、民族に宣べ伝えるために、永遠の福音を携えていた」)は、悪霊や天使の領域で、彼らが霊的戦いを繰り広げている領域です。ダニエル書の中でも、第二の天は悪霊と天使の領域として書かれています(ダニエル一〇・13参照)。

そして第三の天があります。この領域は神の栄光があるところです。ここは美の領域です。使徒パウロは第三の天を「パラダイス」と呼んでいます。ここには天の大いなる計画があります。

私はキリストにあるひとりの人を知っています。この人は十四年前に――肉体のままであったか、私は知りません。肉体を離れてであったか、それも知りません。神はご存じです、――第三の天にまで引き上げられました。(第二コリント一二・2)

パウロの説明は四節でも続いています。「パラダイスに引き上げられて、人間には語ることを許されていない、口に出すことのできないことばを聞いた……」

第三の天はすべてのクリスチャンが住むべき場所です。おわかりでしょうか。クリスチャンはみな、勝利の立場に立ち、神さまの戦略を理解し、その協力者として生きるべきなのです。エペソ二章・六節は、神さまは私たちを「キリスト・イエスにあって、ともによみがえらせ、ともに天の所にすわらせて」くださったと述べています。みなさんは「天の思いにふけりし者に地上の利なし」という諺を聞いたことがあるでしょうか。私は、この諺は間違っていると思います。私たちが天国の思いにふけるなら、地上において大いに益を得るのです。

ところがです。私はこれまで、喜びながら生活していないとりなし手をたくさん見てきました。それはその人たちが、第一番目の領域と第二番目の領域で立ち止まってしまっているからです。とりなし手が第一番目の領域で立ち止まると、論理と理屈で頭が一杯になります。そうするとその人たちの祈りは、論理的な祈りになってしまうのです。ところが、往々にして神さまは論理の世界にはおられないのです。また、第二番目の領域で立ち止まるとりなし手もいます。この領域は、悪霊がいる暗闇の領域です。つまり絶望や破滅、恐れを生み出すところです。

問題は、とりなし手がそれらの領域に立って祈ると、守りの祈りに終始してしまうということです。例えばこんな感じです。私たちはテレビを見、新聞を読んでいるときに、暗いニュースを耳にします。これは第一番目の領域（物質的な世界）に触れたことになります。すると私たちは守りの祈りを祈り始めます。それは人間的なレベルの祈りです。また私たちは、悪霊の世界を垣間見ることもあります。何か悪いことが起こり、それが精神的な圧迫をもたらし、祈らざるを得ない気持ちにさせられます。それはあたかも、悪霊の後を追いかけているようなものです。祈らなければ世界が崩壊してしまうかのように思えるからです。確かにこの表現は少し極端かもしれませんが、云わんとしていることはおわかりいただけると思います。

とりなし手が罠にはまり、神がしようとしていることから気を逸らすことができるとしたら、悪魔にとってそれほど嬉しいことはありません。カリフォルニアの北部に、シャスタ山といって標高四二〇〇メートルの見事な山があります。その山には不思議な力があると信じられており、礼拝の場ともなっています。その山には「ヒョウの草原」と呼ばれる場所があり、そこでは地面から泉が湧き出ていて、それが河川の源流となっています。残念ながらその場所には、邪悪な逸話があります。言い伝えによると、昔、一人の男がヒョウの草原に上っていくと、ヒョウの姿をした聖人から幻を授かったというのです。ヒョウの草原という名称はその幻に由来しており、世界的に信奉されています。

この話を知り、そこが神さまの造られた美しい場所だとわかってから、私はそこにチームを連れて行き、礼拝と祈りの時を持つべきだと思うようになりました。神ならぬ神々が礼拝されてきた場所だからこそ、真の礼拝が捧げられるべきだと思ったのです。

そう考えていたとき、私たちはその山に行き、聖餐式をし、祈りを捧げ、角笛を吹き鳴らす必要があると感じました。あの日、力強い約一五〇名の人たちがチームとして集結しました。チームの人たちは、神さまと見《まみ》える備えができていました。まず私たちは草原の周囲を祈りながら歩きました。そのあと泉の周囲に集まり、聖餐式をしました。それが終わると、友人に頼んで角笛を吹いてもらいました。角笛を三度吹き鳴らしてから、私たちは大声で神さまをほめたたえました。

あの日、あの山にいたのは私たちだけだと思っていたのですが、それは間違いでした。私たちは草原を後にして歩き始めました。チームのうち数名は、低いほうの道を進みました。私たちが一本の木を通り過ぎたとき、シッーシッーという音（歯を閉じて息を吐く音）が聞こえました。突然、若い男性が木の下から飛び出してきて、思いっきり走り出しました。彼は私たちを追い越し、草原を下っていきました。その直後、私たちは瞑想の姿勢で座っている女性と遭遇しました。彼女は霊と交信しようとしていたのです。彼らが霊と交信するときは、霊を招くために「シッーシッーシッー」と優しくゆっくりと繰り返します。友人の一人が、救われる前にそうやって霊を呼んでいたそうです。彼女のお陰で、この行為の意味がわかりました。その女性は、私たちの祈り声のせいで、そうとう妨害を受けたようです。それで彼女は大きな声で、「シッーシッー」と言っていたのです。私の友人は私のほうを見て言いました。「きょう彼女は、とても霊との交信はできないでしょうね。」悪魔の計画を妨害できたとは、なんて素敵な日なのでしょう！

この出来事は私のお気に入りです。なぜかというと、この出来事は悪魔の働きで有名な場所でとりなし手として祈り、神に目を向けたことの見事な実例だからです。私たちは敵の策略に翻弄されませんでした。私たちはただひたすら神さまに信頼しました。その結果、神さまが自らすべてのことをなしてくださったのです。

イエスさまは究極のとりなし手でした。そして悪魔のトリックを見抜いていました。悪魔はイエスさまに、神の子という立場について語らせようと試みました。しかしイエスさまは、一歩も譲歩しませんでした。悪魔が求めていたのは、ほんの少しの妥協でした。でもイエスさまは、悪魔との会話において、完全に主導権を握っていたではありませんか。イエスさまはあの会話において、悪魔に対してまったく隙を作りませんでした。

第一番目の誘惑で悪魔は「あなたが神の子なら、この石がパンになるように、命じなさい」と言い、イエスさまをその気にさせようとしました（マタイ四・3参照）。イエスさまは四〇日間の断食を終えるところでしたし、石をパンに変えて、神の子としての力を証明することなど実に簡単なことだったはずです。でもそうすることは、悪魔に妥協することを意味していました。イエスさまは無用な考えには時間を費やしませんでした。神の御子としての身分について語ることもありませんでした。ご自分が何者であるか、イエスさまにはよくわかっていたからです。悪魔の誘惑に対して、天の見解を突きつけました。「『人はパンだけで生きるのではなく、神の口から出る一つ一つのことばによる』と書いてある」（マタイ四・4参照）。

イエスさまは完全に人であると同時に、完全に神でした。その状態をとる選択をしたのは、私たちの模範となるためでした。石をパンに変えることで、悪魔と私たちをアッと言わせることも可能でした。でも敵との戦いに関して完璧な模範を示すため、もっと良い方法を選択したのです。「この試みを、天のやり方で対処して見せよう。このことに対して、天は何と言うだろうか。」イエスさまは、常に天の導きに目を向けたのです。

まことに、まことに、あなたがたに告げます。子は、父がしておられることを見て行う以外には、自分からは何事も行うことができません。父がなさることは何でも、子も同様に行うのです。

（ヨハネ五・19）

一番目と二番目の領域に目を向けるなら、私たちは三番目の領域から目が反れてしまい、悪魔や生活の中の煩わしさにばかり傾注してしまいます。一番目や二番目の領域に目を向けながら祈り預言するなら、私たちに天と一致した祈りはできません。ほとんどの場合、私たちは恐れを動機として祈っています。恐れに基づいた祈りは、天の答えを生み出す祈りにはなりません。

第一と第二の領域で何が起きているかを理解することは、私たちに許されているのでしょうか。それとも、まったく無視すべきなのでしょうか。第二の領域（悪霊と天使の領域）に関して知ることは問題ありません。そこの状況を理解するなら、私たちはいろいろなことを知った上で祈ることができます。役立つ情報は知っておくべきです。でもこれらの領域に留まり、そこを土台にして祈るべきではないことを覚えておいてください。逆に私たちは、神さまに心を向け続けるべきなのです。大切なのは、絶えず神さまに「天の父よ、あなたが今行っていることは何ですか」と尋ねることです。

私が地域のとりなしのために歴史を調べ始めた頃、とてもわくわくしながらそれをやっていたのを今でも覚えています。（私はその調査をプレヤーマッピング／祈りの地図作りと呼んでいます。）私はプレヤーマッピングが大好きでした。ほとんど取り憑かれていたと言っても過言ではありません。それほど多くの時間を費やして、地域の歴史を調べていました。でもその反面、調べれば調べるほど落ち込んでいきました。そのとき気づかされたのです。「ああ、私は第一と第二の領域の情報に振り回されて、第三の領域の知識が足りていない」と。情報の片よりは、本来自分がやるべきことを見失ってしまう危険をはらんでいます。そこで私は、とりなし手として丁度良い程度の情報だけを収集することにしました。

今、私がプレヤーマッピングするときは、歴史調査にのめり込まないよう注意しています。第三の天に目が向いていないときは、自分でわかるようになりました。答えよりも問題のほうが大きく見えるようになったときには要注意です。悪魔の働きの凄さに感銘するようではいけません。そのような威圧感を持ち始めたときは、歴史調査はもう止めるべきです。そうなったときは、もう必要十分な情報を得たということなのです。

詩篇七三篇は、第三の領域、つまり天の領域に関して、とても素晴らしい悟りを与えてくれます。著者は前半の部分で、栄えている者たちに目を向けています。そしてなぜ彼らがそんなに上手く行っているのか、著者は理解に苦しみます。

しかし、私自身は、この足がたわみそうで、私の歩みは、すべるばかりだった。それは、私が誇り高ぶる者をねたみ、悪者の栄えるのを見たからである。（詩篇七三・2〜3）

著者はこの世界の第一番目の領域、物質的な領域を見ていたのです。間違った領域を見ていました。彼が見ていたのは確かに実際に起きていたことですが、それを別の領域を通して理解する必要があったのです。一六節と一七節では、著者の見方に変化が起きてきます。

私は、これを知ろうと思い巡らしたが、それは、私の目には、苦役であった。私は、神の聖所

に入り、ついに、彼らの最後を悟った。（詩篇七三・16～17）

神の臨在という聖所に入るまでは、敵がどうなるか著者は知ることができませんでした。詳しく説明します。旧約聖書では、聖所とは神の臨在が宿る場所のことでした。「彼らがわたしのために聖所を造るなら、わたしは彼らの中に住む」（出エジプト記二五・8）。イエスさまが私たちの罪のために死なれ、蘇られたとき、旧い契約は終わり、新しい契約が始まりました。それと同時に、救いも始まりました。今日、神の臨在は私たちの中に宿っています。神さまが私たちの霊のうちに住まうとは、なんて素晴らしいことでしょう。ですから私たちは、今や自分のうちにある神の臨在にいつでも手が届きます。心の底から詩篇の著者と一緒に、「あなたはいつまでも私と共にいてくださいます」と言うことができるのです。

私の心が苦しみ、私の内なる思いが突き刺されたとき、私は、愚かで、わきまえもなく、あなたの前で獣のようでした。しかし私は絶えずあなたとともにいました。あなたは私の右の手をしっかりつかまえられました。あなたは、私をさとして導き、後には栄光のうちに受け入れてくださいましょう。天では、あなたのほかに、だれを待つことができましょう。地上では、あなたのほかに私はだれをも望みません。この身とこの心とは尽き果てましょう。しかし神はとこしえに私の心の岩、私の分の土地です。それゆえ、見よ。あなたから遠く離れている者は滅びます。あなたはあなたに不誠実な者をみな滅ぼされます。しかし私にとっては、神の近くにいることが、しあわせなのです。私は、神なる主を私の避け所とし、あなたのすべてのみわざを語り告げましょう。（詩篇七三・21〜28）

詩篇の著者の心境の変化がおわかりいただけると思います。第三の領域で時を過ごした後、悟りを得ているのがわかります。みなさんも、物事の見方が変わります。必ず変わります。神の領域に入ってくるもので、価値の低いものはすべて廃棄され、意味のないものになります。あなたが求めるものは、ただ主。詩篇の著者のように言うことができます。

天では、あなたのほかに、だれを待つことができましょう。地上では、あなたのほかに私はだれをも望みません。この身とこの心とは尽き果てましょう。しかし神はとこしえに私の心の岩、私の分の土地です。（詩篇七三・25〜26）

問題がなくなるわけではなく、天の見方ができるようになり、すべてが神さまの支配の下にあることを悟るようになるのです。同時にそれは、神の民として権威を行使できるようになることでもあります。「キリスト・イエスにあって……天の所にすわらせてくださいました」（エペソ二・6）。単に神の見方ができるようになるだけではありません。カルバリの十字架でキリストが成し遂げたことを実行するようになるのです。夫は次のような言い方でこのことを表現しています。「下を向く前に、上を向いてごらん」。ヨハネ四章・三五節にこうあります。「目を上げて畑を見なさい。色づいて、刈り入れるばかりになっています。」

私たちが上を向いているなら、神さまと同じ見方をしているのです。そして神さまは、あらゆることに対する答えを持っておられるのです。

注

1　ジョージ・オーティス・ジュニア著「The Twilight Labyrinth」（グランドラピッズ社、一九九七年発行）

2　フランシス A.. シェイファー著「Genesis in Space and Time: The Flow of Biblical History」（リーガルブックス社、1972年発行）

3　New World Dictionary 2nd ed.」Realm」

4 New American Standard Exhaustive Concordance of the Bible, Hebrew-Aramaic and Greek Dictionary, Robert L. Thomas, Ed., version2.2, Heaven.

第七章　空域

　空域を所有する者は霊的雰囲気を支配します。「空域」とは、都市を覆っている霊的な風土のことです。空域の所有権を取得し、霊的な雰囲気を改善することは私たちの責任です。私たちが霊的雰囲気を改善すれば、その地域の霊的風土が変わります。霊的風土が変わればリバイバルの兆候が現れ始め、神の働きによって都市全体が変貌します。都市全体が変貌すると地域全体において光が増し加わり、暗闇は減少するのです。

　私は歩くことが大好きです。歩きながら祈り、神さまが与えてくださったものの美しさを堪能しています。ある時期、私はレディング市のある地域をよく歩いていました。ある日、私が歩いていたとき、その週の祈りの課題を聖霊に尋ねる必要があると思い立ちました。耳を傾けると、「意思疎通経路のために祈りなさい」という語り掛けが聞こえました。そのとき私が感じたのは、悪霊のコミュニケーション経路が遮断されるように祈るべきだということでした。

そこで、どのように祈ればいいのかはわからないものの、聖霊が知恵を与えてくださることはわかっていたので、朝のウォーキングを終え、新しい戦略について祈り始めることにしました。帰宅した私は、フォックス・ニュースを見ようとテレビをつけました。当時は、イラク戦争が始まった直後でした。テレビをつけると、「イラクの報道官（コミュニケーションの総責任者）が逮捕された」というアナウンスが聞こえてきました。控えめに言っても、私がとても興奮したことは間違いありません。またしても聖霊が語り掛けていることが裏付けられたからです。

ただそのときはまだ、この祈りの計画、つまり悪霊のコミュニケーション経路を断ち切り、主にあるコミュニケーション経路を強めることが、私の生涯においてどれほど大きな意味を持つものかは知る由もありませんでした。

この祈りの計画については、二〇〇七年のモザンビークへの奉仕旅行を機に、一層深い理解が得られました。その旅行では、アイリス・ミニストリーズのローランドとハイディー・ベイカー夫妻と一緒でした。夫のビルに、彼らの団体のリトリートキャンプで奉仕をしてほしいとご夫妻から依頼があったからです。ベイカー夫妻とスタッフたちは年に一度、世界中から集まり、ともに時間をすごし、ともに祈り、証の時を持つのです。世界中で起きている奇跡の数々をともに聞けたことは、実に驚くばかりの体験でした。

最初の晩の夕食の際、私と夫は、スーダンで子供ミニストリーを始めた二人の女性と同席しました。私たちは、二人が危険や勇気、奇跡、子供たちと自分自身の癒しなどについて熱心に証するのに、約三〇分間、聞き入っていました。本当に驚かされる内容でした。二人は政情不安の国に行くという理由で、多くの人たちから馬鹿呼ばわりされたそうです。私は彼女たちのそんなひたむきな姿を見て、深い感銘を受けました。彼女たちは、地上に神の国が到来するのを見るために生まれてきたような姉妹たちでした。

彼女たちの話の中で、一人の姉妹が「山々を手に入れる」ことについて話していました。彼女は示唆に富んだ言い方で次のように言いました。「空域を手に入れるなら、霊的雰囲気を所有できる」。私はこの意見に一〇〇%同感します。私が空域について話す場合、それは都市を覆っている霊的な風土を意味します。都市や地域を支配している強力な悪霊がおり、彼らが霊的な雰囲気を支配しているのです。

私は数年前、私たちの教会が地域の空域を支配していることに気づきました。そのとき私たちの教会は、霊的雰囲気の所有権を獲得しつつありました。私たちも、教会の奉仕チームも、レディング市の一部で変化が起きているのを目にしていました。しるしと不思議が増加し、市内の学校が変貌し、街全体が私たちに好意を示すようになり、私たちはレディングの市政に参入していました。レディング市の行政内にも、市内の教会間にも一致がありました。市政の指導者の多くは新生したクリスチャンでした。飲食街も利用し易く、来店客のテーブルの上には聖書が置かれているのをよく目にしましたし、客たちが神さまの話をしているのを耳にするのも珍しくありませんでした。本書で読者が読むことになる内容も、レディング市の霊的風土を勝ち取った結果なのです。

天での戦い

霊の戦いについて聖書を詳しく見てみましょう。ダニエル書一〇章で、ダニエルがメッセージを受け取りました。しかしダニエルは、メッセージの内容を悟る必要がありました。そこで二十一日間の断食をします。断食の終わりが近づいたとき、ダニエルのもとに御使いがやって来て、こう言いました。

「恐れるな。ダニエル。あなたが心を定めて悟ろうとし、あなたの神の前でへりくだろうと決めたその初めの日から、あなたのことばは聞かれているからだ。私が来たのは、あなたのことばのためだ。ペルシヤの国の君が二十一日間、私に向かって立っていたが、そこに、第一の君のひとり、ミカエルが私を助けに来てくれたので、私は彼をペルシヤの王たちのところに残しておき……」

（ダニエル一〇・12〜13）

この箇所では、ダニエルに悟りを与えるために御使いが遣わされましたが、地域を支配する悪霊が御使いの行く手を阻みます。御使いは戦いの天使ミカエルの助けを求め、このペルシャの君と戦わせます。メッセンジャーである御使いは、ダニエルが断食を始めた当初から遣わされていましたが、（ミカエルの助けを得て）メッセージを伝えるまでに二十一日かかりました。私たちはこのような目には見えなくとも現存する世界に取り囲まれており、それが可視的世界に影響を与えているのです。

このような領域について更に調べ、どのように祈ればよいか、また霊的領域が物質的領域に対して肯定的に働くようにするためにはどうすればよいかを学びたいと思います。

ベテル教会には、「組織には浸透すべし」という信条があります。私たちクリスチャンには良質のパン種のような性質が必要です。マタイ一三章・三十三節にはこうあります。「イエスは、また別のたとえを話された。『天の御国は、パン種のようなものです。女が、パン種を取って、三サトンの粉の中に入れると、全体がふくらんで来ます。』」つまり、私たちがパン種として都市の市政の中に浸透するなら、都市全体とその霊的雰囲気に影響をもたらすことができるのです。

天の鼓動

ある方は、「どうしたら空域を手中にしていることが確認できるのですか」と尋ねるかもしれません。

子供の頃、私は人々を眺めているのが大好きでした。私にとって、人はとても興味深い存在だったのです。その好奇心は神さまからの賜物だと思っています。人への好奇心は、とりなしにおいてもとても役立つからです。ですから私は、今でも好奇心という賜物を用いています。人に傾聴したり、観察したり、自分の周辺や街で起こる出来事に目を向ける中に、多くの気づきがあるものです。新聞を読んだり、ちょっとした情報収集をするなら、神さまがあなたに働き掛けて、地域の所有権を差し出しておられることがわかるはずです。とりなし手であるみなさんは、ご自分が祈っていることに関する天の戦略を知っていることと、ご自分の祈りの中に天の鼓動が響いているかどうかを確認することの大切さがわかっておられると思います。また、「天の鼓動」という言い回しがとても気に入ったのではないでしょうか。

教会員のある男の方が、四分間くらい心配停止になった後で生き返りました。その方はその間、天国に行っていたそうです。私たちに教えてくださったことの一つは、天国はやかましい所で、いま持っている耳とは違う耳が必要だということです。なぜやかましいかというと、とりなしの祈りが響き渡っているからだそうです。そのことを話し始めた彼は、天と一致したとりなしの祈りを止めてはいけないと、涙ながらに私たちに訴えました。彼が言うには、天国全体が大声でとりなしの祈りをしているのだそうです。

もし、みなさんがそのように感じた経験があるなら、あなたは天が何のために祈っているかわかるはずです。天の祈りの課題はひとつだけではありません。何を祈っているのかを正確に指摘することなど不可能です。すべての願いがひとつの鼓動となって響いているからです。その鼓動には、夢うつつになるような響きがあります。

変化が起きるとき

天と一つになって祈っているかどうかは、変化が起こることによってわかります。ベテル教会には、ベテル超自然ミニストリースクールという訓練校があります。私は祈りと、とりなしの上級クラスの一つを担当しています。授業では講義の後に屋外へ出て行き、レディング市のいろいろな区域で祈ることにしています。

ある日授業を行っていたとき、街にある空き地へ行き、その土地を呪いから解放すべきだと感じました。その土地は、何年間もずっと空き地のままだったのです。その不動産にはバーがありましたが、バーのせいでいろいろな悪いことが起こりました。昔、そのバーから酔って出て来た男が車に乗り、若い女性をひき殺してしまうという事件がありました。この女性の父親はベテル教会のメンバーである男性の友人でした。教会員の男性は、彼女の死をひどく嘆き、帰宅途中にそのバーを通り過ぎた際、振り向きざまに「あんなバーは、焼け崩れてしまえばいいんだ」と呟きました。その晩、そのバーは本当に火事になってしまいました。これは七〇年代の話です。それ以来その土地は空き地のままなのです。

私は男性の言葉自体が呪いだとは思っていません。バーの存在と、そのバーがかもし出した雰囲気が土地に呪いをもたらしたと考えています。ミニストリースクールの生徒たちをどこへ連れて行こうかと祈っていたある日、私はこの空き地とその逸話を思い出したのです。そのとき私は、その土地の呪いを解放すべき時が来たと感じました。その土地には解放が必要だったのです。

そこへ行って祈り、主の恵みを解き放つことは、学生たちにとってとても良い訓練になります。最後の授業の日には、約四〇名の生徒がその土地に祈りに行きました。車で空き地まで行った私たちは、二人の男性が通りの反対側で私たちを見つめていることに気づきました。確かに四〇名もの人間が空き地に車で乗り付け、歩き回りながら大声で祈るというのは普通のことではありません。私は生徒たちに、ただ祈って、空き地に関する主の示しを求めるだけにするよう頼みました。

私は二人の生徒と一緒に通りの向こう側に行き、見物している二人と話しました。一人は車椅子に乗っていました。私たちがその男性に祈っても良いかと尋ねると、彼は「いいですよ」と答えました。そこで私たちは彼の癒しのために祈り始めました。そのあと二人に話し掛け、私たちが何をしに来たかを説明しました。私たちは、このこともまた主の御手であることに気づきました。私たちの話を聞いていたもう一人の男性は「この空き地のことは知ってるよ。私が五歳のとき、両親がここで別れたんでね」と言いました。彼はまた、三年前に酒に溺れ、この街のホームレス支援団体のお世話になったことも話してくれました。そしてその後まもなく救われたとのことです。神さまは彼に良い仕事を与えてくださり、ベテル教会にも集っていたそうです。私は生徒たちを集めて祈らなければならなかったので、私といた生徒たちに男性らを任せてその場を離れました。

私は空き地にいた生徒たちを集めて輪を作らせ、神さまがしようとしていることを宣言させました。この宣言を通して土地を呪いから解放するためです。私たちは、祈りにおける「預言的行為」に意味があると信じています。預言的行為とは、超自然的な解放をもたらすために自然界で行う行為のことです。そのような行為によって、物質的な世界に祈りの答えがもたらされるからです。そこで私たちはその空き地に油を注ぎ、主に捧げました。全員で主への賛美を叫び、集会を終えました。私は生徒たちに、「主の答えを待ち望みましょう」と言いました。

一週間もたたないうちに、生徒の一人が私におしえてくれました。空き地のために祈った二、三日後に、ある男性が市の企画委員会を訪れ、あの土地を開発して住宅を造成したいと申し出たそうです。

これは霊的雰囲気を手に入れたことの証拠だと思います。祈りの答えは急速に現わされました。あの日生徒たちを連れて行ったことにより、二つのことがなされました。ひとつは、生徒たちの責任において安全な形で祈りを学ぶことができた、第二に、天は私たちの祈りに心を動かされた、ということです。

霊的な次元で何が起きたかお分かりいただけたと思います。想像力を働かせて、この件における天使たちの働きを想い描いてみてください。天使たちは天の計画を実行するために遣わされました。まるで彼らは「了解。時が来ましたね。呪いが断ち切られて、我々が行動する許可がおりました」とでも言っているかのようです。私には、天使たちが土地を開発しようとしていた男性のところにやって来て、「あなたは土地開発のプランを持っていますよね。今こそ実行する時ですよ」と耳打ちしている様子が目に浮かびます。

みなさんが神さまの協力者として事を行うなら、それは成し遂げられます。この空き地の件は、それが短期間で実現した実例です。霊的なコミュニケーション経路がスムーズに機能すれば、結果も短時間で現わされます。速いに越したことはありませんね。でも実を言うと、私自身この件がこれほど速く実現するとは思っていませんでした。

物質には力がある

私たちクリスチャンには、不可能を可能にして環境を変えるチャンスが与えられています。私たちには聖霊が内住しています。聖霊は単なる力ではなく大きな力です。私たちが力を解き放つ者となるために、聖霊は内住しておられるのです。私たちが地上に置かれているのは、この世に対して天の神の力を示すためです。

クリスチャンは内側に大きな力を持っており、死んだ後でもその力を持ち続けます。なぜならその力は、私たちの骨の中にあるからです。みなさんは、すべての物質には記憶があることをご存知ですか。あるとき私は「物質の記憶」について調べていたのですが、そのとき私は、生き物だけでなく、生命のない物にも記憶があることを知りました。私は努めてそのことについて考えながら聖書のいろいろな箇所を思い巡らし、裏づけを得ることができました。

みなさんはエリシャの骨の話を覚えていると思います。第二列王記一三章・二十一節で、人々がある男性を埋葬していました。不意に略奪隊を見かけたので、男性をエリシャの墓に投げ入れます。男性の体が墓の奥に落ち込みエリシャの骨に触れるや、男性は生き返って立ち上がったのです。癒しの力が、死んだ人の骨の中にまだ残っていたのです。これは実に、命のない物質に関する事柄です。ルカ一九章・四〇では、もし弟子たちが主をほめたたえないなら石が叫び出すと、イエスさまがパリサイ人たちに言っています。

もしすべての物質に記憶があるのなら、木や草や石ころなどにもみな記憶があるということです。あるとき私は数名の生徒たちを祈りに連れ出したのですが、そのときにこのことの実例が起こりました。一人の姉妹の目の前に、いくつかの石が現れたのです。

祈りのクラスでは、時折、生徒たちを近隣の小さな町々に祈りの旅に行かせます。私は街を横断する祈りの歩行をさせるために、生徒たちをシャスタ山に登らせました。私たちは小グループに分かれました。生徒たちには、通りを歩きながらいろいろなお店に入り、神さまが街を祝福してくださるように祈りなさいと伝えました。クリスチャンは民衆と彼らの商いを祝福すべきだと、私たちは信じています。私たちはビジネスのために祈りに出て行き、神さまがしようとしていることを解き放ちます。ビジネスを呪うのではなく、祝福をもたらすことによって霊的な領域が活性化され、神さまを現わせると私たちは信じているのです。

私はあるとき、一人の生徒を伴いニューエイジの店に入りました。ここは北カリフォルニアの小さな街ですが、なぜかかなりの数のニューエイジの店があります。私と生徒はその店に入り、別々に店内を回りました。店を出たあと生徒の姉妹が、何があったか説明してくれました。ショーケースの一番下の段に、カラフルで綺麗な石が陳列してあったそうです。姉妹はその前でひざまずき、その石に向かって異言で祈るべきだと感じたとそうです。祈り終えると二つの石が振動し始めたそうです。もちろん彼女は驚きました。そこでその現象が本当に起きたかどうかを試すために、もう一度やってみたそうです。すると同じことがまた起こりました。その石には記憶があったのです！　それらの石は、何か霊的に悪い目的のために捧げられたのかもしれません。私にわかるのは、その石が神さまの臨在に触れたとき、石に叫び出す必要性が生じたということだけです。私たちが神さまの臨在を持ち運び、神の国のわざを行うとき、私たちは周囲のすべての物質に影響を与えるのです。

断層のために祈る

私たちはカリフォルニアに住んでいます。子供の頃、この州と地震の関係についていろいろと聞きました。今でも覚えていますが、地震によって南部の海岸線全域が海に沈むと聞かされた当日、当時一〇代の少女だった私は南カリフォルニアの海辺にいました。カリフォルニア大地震の予告は、この世の機関からもキリスト教会からも、昔から告げられています。カリフォルニアの太平洋岸は、環太平洋火山帯の一部です。このことについてよくご存じない方のために説明しておきます。

環太平洋火山帯とは地震と火山噴火が頻発する、全長四万キロメートルに及ぶベルト地帯で、太平洋を取り囲むようにして蹄鉄形になっています。一連の海溝、弧状列島、火山脈、プレート運動などと連動しており、環太平洋地震帯とも呼ばれています[注1]。

西海岸の住民にとって、なぜ地震が日常茶飯事であるかお分かりいただけると思います。地中に圧力が働いていますが、その圧力は解放してやらなければなりません。それで私たちは、「神さま、この圧力を少しずつ解放してください」とずっと祈り続けているのです。神さまは昔も今も私たちのこの祈りに答え、小規模な地震を起こしてくださっています。

二〇〇四年に再び預言の言葉が与えられました。カリフォルニアに大地震が起こるというものです。いくつかの理由で、この預言は私にとってはとてもショッキングでした。思い出してください。カリフォルニアに住んでいる私たちにが、こういうことを耳にするのはよくあることです。普通、同じことが何度も繰り返し語られると、人はそれに対して取り合わなくなるものですが、今回の預言は別でした。もしかしたらそれは、その預言を語った人に理由があるのかもしれません。理由がどうであれ、とにかく私はその預言が気に掛かって仕方がありませんでした。何日もの間、その預言のことを考えたり、祈ったりしました。ある日祈っていたとき、南カリフォルニアの三つの地域に行く必要がある、という思いが浮かびました。預言に関してずっと相談に乗ってもらっていた友人に電話をし、彼女にも一緒に行ってもらうことにしました。

私たちが行くことにした三箇所とは、ベイカーズフィールド、ロストヒルズ、グレイプヴァイン山の頂上（州間幹線道路五号を更に行った所）です。この三箇所が気になった箇所でした。サンアンドレアス断層がこれらの地域を通っているのです。サンアドレアス断層は、カリフォルニアの海岸線の岩地を走っている入り組んだ断層網の根幹になっている断層です。全長一三〇〇キロメートル余り、深さは少なくとも一六〇キロメートルあります。

私たちは南部の地域のために祈りながら、陸路を進むことにしました。最初に立ち寄ることにしたのはグレイプヴァインの山頂です。私たちは山頂で一夜を過ごしました。翌朝の日の出とともに、角笛を吹き鳴らす必要があると感じたからです。角笛の音が霊的空域の悪霊の力を打ち砕き、敵の陣営に混乱を引き起こすことを知っていたからです。私たちが角笛を吹き鳴らすと、友人にも私にも幻が与えられました（二人とも同じ幻を同時に見ました）。大きな血管が見え、その中に古くなって乾燥した血液がありました。私たちが角笛を吹いたとき、きれいな血液が血管の中を流れ始めました。私たちには、それがその地域を流れるイエスさまの血であることがわかりました。

残りの二箇所でも同じようにしました。私たちの感覚では、この旅の目的は断層の活動を緩和し、断層に対して平和を告げることでした。これまでの歩みの中で、起きてほしくないこと（地震）について聞かされ続けてきました。神さまは私たちが重荷を感じて立ち上がり、「私の目の黒いうちは許しませんよ！」と言うのを待っているのです。

わたしがこの国を滅ぼさないように、わたしは、この国のために、わたしの前で石垣を築き、

破れ口を修理する者を彼らの間に捜し求めたが、見つからなかった。（エザキエル二二・30）

神さまはとりなし手をひとりも見出すことができず、驚かれました。

主は人のいないのを見、とりなす者のいないのに驚かれた。そこで、ご自分の御腕で救いをもたらし、ご自分の義を、ご自分のささえとされた。（イザヤ五九・16）

良いことのために チャレンジを受けるのは、素敵なことだと思いませんか。右記の聖句は、どちらも私にとってチャレンジを受けるものです。あたかも「何をぐずぐずしているのだ」と言われているかのようです。さあ、立ち上がって神さまに言いましょう。「主よ、ここに私がおります。私がやります。私が破れ口に立ちます」と。私はとりなし手がひとりもいないことで、神さまを驚かせたくありません。私の心を見て、神さまに満足していただきたいのです。

不正と不義に立ち向かって神の前に立つことは、私にとっては心躍ることなのです。

祈っていると、時折感じることがあります。それは私が神さまと罪の間にある破れ口に立ち、神の憐れみを請うて叫んでいる姿です。このことについて一層わかり易く説明するために、古き時代の境界線（壁）について話します。所有地の境目に穴が開いていたり、裂け目（破れ口）があったりした場合、家畜の群れが被害を受けないように、裂け目が修理されるまでの間、その部分に人を立たせておきました。

それゆえ、神は、「彼らを滅ぼす」と言われた。もし、神に選ばれた人モーセが、滅ぼそうとする激しい憤りを避けるために、御前の破れ（裂け目）に立たなかったなら、どうなっていたことか。（詩篇一〇六・23）

少しだけモーセについて見てみましょう。イエスさまが新約における偉大なとりなし手であるように、モーセは旧約におけるとりなし手でした。モーセが神さまの前に立ち、うなじの強い民のためにとりなしたことは幾度もありました。そのうちの二つを見てみましょう。

最初の話は金の牛の一件です。出エジプト記三二章には、モーセがシナイ山に登り、しばらくそこにいたと書かれています。民は苛立ち、自分勝手な行動を始めました。アロンに神を作らせ、その神に民を導かせようとしたのです。神さまはその一部始終を見て怒り、モーセに山を降りていくよう命じました。

主はまた、モーセに仰せられた。「わたしはこの民を見た。これは、実にうなじのこわい民だ。

今はただ、わたしのするままにせよ。わたしの怒りが彼らに向かって燃え上がって、わたしが彼らを絶ち滅ぼすためだ。しかし、わたしはあなたを大いなる国民としよう。」

しかしモーセは、彼の神、主に嘆願して言った。「主よ。あなたが偉大な力と力強い御手をもって、エジプトの地から連れ出されたご自分の民に向かって、どうして、あなたは御怒りを燃やされるのですか。また、どうしてエジプト人が、『神は彼らを山地で殺し、地の面から絶ち滅ぼすために、悪意をもって彼らを連れ出したのだ』と言うようにされるのですか。どうか、あなたの燃える怒りをおさめ、あなたの民へのわざわいを思い直してください。あなたのしもべアブラハム、イサク、イスラエルを覚えてください。あなたはご自身にかけて彼らに誓い、そうして、彼らに、『わたしはあなたがたの子孫を空の星のようにふやし、わたしが約束したこの地をすべて、あなたがたの子孫に与え、彼らは永久にこれを相続地とするようになる』と仰せられたのです。」

すると、主はその民に下すと仰せられたわざわいを思い直された。（出エジプト記三二・9〜14）

神さまはアブラハム、イサク、イスラエルと契約を結んでいました。その契約は神さまがご自身によって誓った契約で、イスラエルの子孫を星の数ほどに増やすというものでした。モーセはその契約を神さまに思い起こさせました。その日モーセは破れ口に踏み入り、裂け目の前に立ちはだかったのです。壁の穴を修繕したと言ってもいいでしょう。このモーセのとりなしのゆえに、神さまは思い直しました。おわかりでしょうか。神が考えを変えたのです。これは驚きです。

約束の地

モーセが破れ口にたったもうひとつの機会は、神さまがイスラエルの民に約束の地を与えようとしていたときでした。民数記一三章と一四章で神さまはスパイを送り、カナンの地の豊かさを偵察させました。十二人のスパイのうち二人だけ約束の地を占領できると信じましたが、残りは恐れました。イスラエルの民は恐れを選択し、約束の地に立ち入ることを拒みました。とりなし手には信仰がなければなりません。信仰は神を見るからです。しかし恐れは不可能を見、不可能は現実となります。次はどうなったかを見てください。

主はモーセに仰せられた。「この民はいつまでわたしを侮るのか。わたしがこの民の間で行ったすべてのしるしにもかかわらず、いつまでわたしを信じないのか。わたしは疫病で彼らを打って滅ぼしてしまい、あなたを彼らよりも大いなる強い国民にしよう。」モーセは主に申し上げた。「エジプトは、あなたが御力によって、彼らのうちからこの民を導き出されたことを聞いて、この地の住民に告げましょう。事実、彼らは、あなた、主がこの民のうちにおられ、あなた、主がまのあたりに現れて、あなたの雲が彼らの上に立ち、あなたが昼は雲の柱、夜は火の柱のうちにあって、彼らの前を歩んでおられるのを聞いているのです。そこでもし、あなたがこの民をひとり残らず殺すなら、あなたのうわさを聞いた異邦の民は次のように言うでしょう。『主はこの民を、彼らに誓った地に導き入れることができなかったので、彼らを荒野で殺したのだ。』どうか今、わが主の大きな力を現してください。あなたは次のように約束されました。『主は怒るのにおそく、恵み豊かである。咎とそむきを赦すが、罰すべき者は必ず罰して、父の咎を子に報い、三代、四代に及ぼす。』と。あなたがこの民をエジプトから今に至るまで赦してくださったように、どうかこの民の咎をあなたの大きな恵みによって赦してください。」主は仰せられた。「わたしはあなたのことばどおりに赦そう。(民数記一四・11〜20)

最後の節を見てください(民数記一四・20参照)。神さまは、モーセのとりなしのゆえに思い直しました。神さまはイスラエルの民を殺すところでしたが、モーセが説得して助け出したのです。そこには大きな破れがありましたが、神さまが考えを変えるまでモーセはそこに立ち続けました。この二つの箇所に、モーセ(とりなし手)の心の姿勢を見ることができます。私たちはモーセのように破れ口に立たなければなりません。神さまはモーセに約束を与えておられました。それゆえモーセは、神さまが考えを変えようとしたときにも堅く立つことができたのです。モーセには信仰と憐れみの心がありました。それゆえモーセは、周囲の霊的な雰囲気を変えることができたのです。

言葉は不要

私はこれまでに、霊的な雰囲気を変える方法をいろいろ見つけてきましたが、その方法には必ずしも言葉が必要なわけではありません。

ご覧ください。奴隷の目が主人の手に向けられ、女奴隷の目が女主人の手に向けられているように、私たちの目は私たちの神、主に向けられています。主が私たちをあわれまれるまで。

（詩篇一二三・2）

この聖句の後半を見てください。人々はただ、主に目を向けていただけです。言葉は不要でした。主に意識を向けていただけなのです。

レディング市の周辺には美しい山々がたくさんあります。あるとき私たちは、そのひとつの山の頂上に向かっていました。そこから街のために祈るためです。私は山頂に着いたらどのように祈ればよいだろうかと思案していました。そして預言的な行為として、何を用いれば良いかを神さまに尋ねました。私は自分で作ったショールを持っていました。紫色の素材を金色の紐で縁取ったものです。私はそのショールを山頂に持っていくことにしました。

山頂からの眺めは息も止まらんばかりの絶景でした。一番高い所には展望台があり、ほぼ三六〇度、山の周囲を見渡すことができるようになっていました。素晴らしい天気で、そよ風が吹いていました。その日私が思いついたことは、山の頂に立って紫のショールを高く掲げ、風になびかせることだけでした。私は展望台に立ち、両手を天に向け、紫のショールを掲げて風になびかせました。こうすることが預言的な行為だったのです。私にとって紫という色は、王権ととりなしを意味していました。金色の紐は、王権ととりなしを取り囲む栄光です。ショールが神さまの風になびき、その地域一帯に王権ととりなしと、神の国の栄光を解き放っていました。

私にはわかっています。みなさんが少し奇異に感じていることが。でも、とても気持ちが良かったのです。そしてとても楽しかったのです。「そんなこと本当にする必要があったのですか」と尋ねたい気分かもしれません。そうですね。もしかしたら不要だったかもしれません。でも神さまは、私たちが神さまのためを思ってすることを気に入ってくださると思うのです。たとえそれが仲間たちには奇異に見えたり、超霊的に見えたりしても、私はそうすることによって、とりなし手としての役割を果たし、周囲の空域に変化をもたらしていると思うのです。

注

1　「Pacific Ring of Fire」,Crystalinks,http://www.crystalinks.com/rof.html (accessed 13 April 2008).

第八章　ワーシップと喜びによる霊の戦い

ある日私は、超自然ミニストリースクールでとりなしの授業をしていました。授業が終わる前に質疑応答の時間を持ったのですが、ひとりの若者が、自分はとりなし手ではないと思うと言いました。この若者は、日曜礼拝で時折講壇に上がりダンスを披露する奉仕をしていました。私は彼に「冗談でしょう？」と尋ねました。私は、彼はとりなし手であり、彼のダンスがとりなしなのだと話しました。おわかりでしょうか。彼の考えでは、とりなし手とは言葉でとりなしの祈りをする人のことだけだったのです。私は彼に、とりなしには様々な形態があり、ダンスもとりなしの働きであることを説明しました。彼のとりなしは、踊りによるワーシップという形態の霊の戦いなのです。

思うに、とりなしにおける霊の戦いには二つの要素があります。ワーシップと喜びです。この二つはとりなしの最強の手段です。これらの武器は他の何にも増して、悪魔の陣営に一段と大きな混乱をもたらします。どちらも父なる神との親しい関係から生み出される戦いの武器です。この二つの武器について学びを深めましょう。

口づけ

ワーシップ（礼拝）に相当するギリシャ語は、プロスクネオー／proskuneoといいます。この言葉の意味は「口づけする」です[注1]。これは、私たちと神さまの親しさを維持する感情や心の姿勢を指しています。礼拝とは、単に日曜礼拝に集い、賛美の時間に歌を歌うことだけではありません。もちろん共同体としての礼拝は大切ですが、一番大切なわけではありません。礼拝とは、日常生活をつうじて私たちの内側から湧き出るものです。私たちが神さまを崇めるとき、私たちは神さまに口づけしているのです。

霊の戦いとしてのワーシップの対象は、悪魔ではなく神さまです。私たちは神さまに意識を集中します。そうすることによって、私たちのとりなしに神さまの力と臨在が注がれるからです。ある日曜礼拝で、私は自分の霊が乱されるのを感じました。ワーシップにまったく集中できません。会場に魔女が何人かいるような感じでした。なぜそのように霊が乱されるのかを突き止めようと、辺りを見回したのを覚えています。私はそれを二、三回繰り返していました。すると聖霊が囁きました。「あなたはわたしから心がそれています。ただわたしを礼拝するのです」。それは聖霊によるちょっとしたたしなめでした。私は納得しました。私がすべきことは、ただ神さまとともにいて礼拝するだけで良いのです。そうすれば会場における霊的な問題は、神さまが処理してくださるということです。その朝の私の戦いの武器は、主を礼拝することでした。かつて神さまは、耳に聞こえる声で主人に語ってくださったことがあります。「主に心を向ける者たちを見守るのは、（あなたではなく）神さまがなさることだ」と。私たちが神さまに心を向けるという最大の責任を果たすなら、あとの必要なことは神さまが責任を持ってくださるのです。

ただ礼拝せよ

礼拝することは天に触れることです。私たちは地上においては否定的な事柄を心に持ってしまうものですが、礼拝することによって自分自身を地上から押し上げ、主の臨在に覆われた栄光の中に入ることになります。昔、とても落胆したクリスチャンの男性から話を聞いたことがあります。その人はもうどうしようもなくなって神さまに助けを求めました。ある日、彼が神さまに叫んでいると、主の声が聞こえました。「あなたには、一年中わたしを礼拝していてほしいのだが」と。神さまは、祈るときは何も求めずに、ただ礼拝してほしいと付け加えたそうです。翌年その男性は、長年の落ち込みから解放されました。彼がその年、とても価値ある教訓を得たことは言うまでもありません。

ある人が主人に、自分の祈りの生活に関して評価してほしいと頼んだそうです。その人は言いました。「一時間祈ろうとすると、四五分間は礼拝になってしまい、祈るのは一五分だけなんです」。主人は答えました。「それは素晴らしい。一〇分、一五分あったら、相当多くのことについて祈れるじゃありませんか。」

礼拝は反発を打ち砕く

私たちが礼拝するなら、会場の中に神の臨在と神の国を解き放つことができます。昔のことですが、私たちはアラスカでいくつかの集会を行っていました。そのうちのいくつかは、賛美をしてもワーシップになりませんでした。素晴らしい賛美なのですが、神さまとの親密な交わりとしてのワーシップに至らないのです。まるで神さまと会衆の間に、壁があるかのように感じられました。私たちはそのツアーに、ベテル教会の主席ダンサーを連れて来ていました。彼女は踊りを通して礼拝することに長けていたため、彼女を宣教ツアーに連れていくのは楽しみでした。私たちは霊的領域で断ち切りたいものがあるとき、彼女に躍ってもらい礼拝しました。

彼女は霊の戦いのために踊るわけではありません。彼女はダンスを通して礼拝するだけですが、それ自体が武器になるのです。彼女に躍ってもらうとき、私たちはその理由さえ告げませんでした。彼女には純粋に礼拝してほしかったからです。アラスカでそのような集会（賛美がワーシップにならない集会）が二度行われた後、夫は彼女に踊ってもらったほうがいいと判断しました。彼女が立ち上り、踊り始めました。すると霊の壁は消え去り、会場に天が舞い降りました。

その集会に来ていたひとりの男性は、霊の世界を見ることができる人でした。彼女がダンスをしている間、彼は私たちの隣に立っていました。ダンスが終わった後でわかったのですが、彼はその夜の集会の間、悪霊の動きを見ていたそうです。会場の周囲には、悪霊たちにが座っていたそうです。ところが姉妹が踊り始めると、悪霊たちは叫び始め、会場から一目散に出て行ったそうです。そうです。このことにおいても私たちは、敵に対する効果のためにワーシップしたわけではありません。ただ神さまが礼拝を受けるにふさわしいお方であるがゆえに、そうしたのです！礼拝。それはダンスであろうと、唇による賛美であろうと、如何なる形の礼拝であっても敵の陣営に恐慌をもたらします。悪霊たちは礼拝者の声を聞くことに耐えられないし、真の礼拝者の近くに居ることもできないのです。私は苦しみの中にいる人のために、息子のブライアンがギターを手にして奏でると、その人に平安が来るのを見たことがあります。ある女性が回復期にある患者のための病院を訪問して、アルツハイマー患者のためにフルートを演奏すると、患者たちが平安になるという話も聞いたことがあります。

礼拝を第一にせよ

第二歴代誌二〇章は、礼拝によって戦いを勝利に導く戦略を教えてくれます。ヨシャパテはユダに攻めてくる大軍に向き合うことになりました。ヨシャパテがまず初めにしたことは、主に求め、断食を布告することでした。

ヨシャパテは恐れて、ただひたすら主に求め、ユダ全国に断食を布告した。（第二歴代誌二〇・3）

私はこの箇所が好きです。なぜかというと、王が「ただひたすら」主に求めたとあるからです。これは王が主を仰いだということです。「私は神さまから御言葉をいただくまで、決して目をそらしません」というヨシャパテの心の姿勢が見て取れるからです。私は、王の心に見られる勇気と決意が気に入っています。この次に何が起きたかというと、ユダの人々の祈りです。至る所から民がやって来て断食し、主の指示を求めて祈りました。

ユダの人々は集まって来て、主の助けを求めた。すなわち、ユダのすべての町々から人々が出て来て、主を求めた。（第二歴代誌二〇・4）

人々はただ神さまを礼拝しながら祈り始めました。

私たちの父祖の神、主よ。あなたは天におられる神であり、また、あなたはすべての異邦の王国を支配なさる方ではありませんか。あなたの御手には力があり、勢いがあります。だれも、あなたと対抗してもちこたえうる者はありません。（第二歴代誌二〇・6）

人々は言っています。「神さま、あなたは偉大で、あなたの他に神はいません」と。

私たちの神よ。あなたはこの地の住民をあなたの民イスラエルの前から追い払い、これをとこしえにあなたの友アブラハムのすえに賜ったのではありませんか。彼らはそこに住み、あなたのため、御名のために、そこに聖所を建てて言いました。『もし、剣、さばき、病疫、ききんなどのわざわいが私たちに襲うようなことがあれば、私たちはこの宮の前、すなわち、あなたの御前に立って―あなたの御名はこの宮にあるからです―私たちの苦難の中から、あなたに呼ばわります。そのときには、あなたは聞いてお救いくださいます。』（第二歴代誌二〇・7〜9）

まるで神さまに、ご自分がどのような神であり、民のために何をしてくださったかを思い出させているかのようです。また同時に、自分自身にも同じことを言い聞かせているかのようです。いつでも神さまに関する証を持ち出すことは、主の恵みを覚える良き習慣だと思います。九節でヨシャパテは宮に行き、主の前に出ることについて話しています。(第二歴代誌二〇・9参照)。十二節では祈りがとても切実になっています。

私たちの神よ。あなたは彼らをさばいてくださらないのですか。私たちに立ち向かって来たこのおびただしい大軍に当たる力は、私たちにはありません。私たちとしては、どうすればよいかわかりません。ただ、あなたに私たちの目を注ぐのみです。(第二歴代誌二〇・12)

人々が言ったことは基本的にこういうことです。「敵が私たちに向かってきていますが、私たちはどうしたらいいかわかりません。私たちはただあなたを見ています。」このような祈りをしたことがありますか。どうしたらいいかわからず、どう祈ったらいいかさえもわからない。このような時には、私たちの心は砕かれるものです。この砕かれた心こそが、私たちを神へと導きます。私たちは真実な方に目を向け、信頼しなければなりません。私は十三節に、こんにちのキリスト教会にとっての鍵があると思います。私たちは神の国が現わされるように戦っているのです。

今やユダの民全員が、子供たちや主婦たちさえも、主の前に立っています。私は、老いも若きもみな主の御前に立ち、目を注ぐことが必要になると思います。クリスチャンは誰もが祭司です。子供たちには、神の国ために偉大なことをする神の力が働いています。「ジュニアサイズの聖霊」なんていませんもの。

子供たちを見守れ

毎年、教会カンファランス開催期間中、私たちは預言コーナーを設けています。選ばれた人材で預言チームを構成し、預言コーナーに申し込みをしたカンファランスの参加者が、チームから預言の言葉を受ける企画です。過去数年間、私たちはこのチームの中に子供たちを参加させました。はじめはそうすることに対する懸念がありましたが、子供たちが「手紙を読み上げる」という形式で自分たちの信仰生活の詳細を報告することにより、懸念は払拭されました。今では預言コーナーに集う人たちは、子供たちによる預言をせがむようにさえなりました。子供たちの預言は、純粋で余分なものが一切含まれない、天からの直言だからです。

ヨシャパテの話に戻りますが、王は国民全体、つまり男も女も子供たちも、救国の祈りに参加すべきであることを知っていました。生死にかかわる問題だったからです。民衆が一つの国民一つの部族としてともに立ち上がり、神の介入を切に求める必要があったのです。そこで神さまは預言者を遣わし、人々にどうすべきであるかを告げました。

あなたがたはこのおびただしい大軍のゆえに恐れてはならない。気落ちしてはならない。この戦いはあなたがたの戦いではなく、神の戦いであるから。（第二歴代誌二〇・15）

そのとき預言は、この戦いでは人々は戦ってはならない、ただ静かに立って主の救いを見るようにと言いました。天国に行ったら見てみたいビデオがたくさんありますが、私が真っ先に見たいのはこの戦いのビデオです。その理由はこの直後に起こる出来事にあります。

この話の中で三つ目に起きた出来事は、人々が主を礼拝したことです。

神さまは民の祈りに答えてくださいました。その感謝として、人々は主の前に伏して礼拝したのです。会衆の中では賛美が沸き起こりました。

四つ目の出来事は、この賛美です。テヒラーというヘブル語を訳した「賛美する」という言葉は、ハレルというヘブル語に由来しています。テヒラーは「賛美する」という意味で、ハレルは「得意気になる」「突拍子もない行動をとる」「狂ったようになる」「賛美を捧げる」という意味です[注2]。

ですからこのとき人々は、神さまに凄まじい賛美を解き放ったのです。

ヨシャパテは主に信頼し、預言者を信じるよう命じました。そして主に向かって歌を歌う者たちを任命し、聖なる麗しさを褒め讃えさせました。

それから、彼は民と相談し、主に向かって歌う者たち、聖なる飾り物を着けて賛美する者たちを任命した。彼らが武装した者の前に出て行って、こう歌うためであった。「主に感謝せよ。その恵みはとこしえまで。」彼らが喜びの声、賛美の声をあげ始めたとき、主は伏兵を設けて、ユダに攻めて来たアモン人、モアブ人、セイル山の人々を襲わせたので、彼らは打ち負かされた。アモン人とモアブ人はセイル山の住民に立ち向かい、これを聖絶し、根絶やしにしたが、セイルの住民を全滅させると、互いに力を出して滅ぼし合った。ユダが荒野に面した物見の塔に上ってその大軍のほうを見渡すと、なんと、死体が野にころがっている。のがれた者はひとりもない。ヨシャパテとその民が分捕りをしに行くと、その所に、武具、死体、高価な器具を数多く見つけたので、これを負いきれないほど、はぎ取って、自分のものとした。あまりにも多かったので、彼らはその分捕りに三日かかった。(第二歴代誌二〇・21～25)

結果として、神さまは伏兵を備えさせ、イスラエルの民がいざ戦おうとしたときには、戦いはすでに終わっていました。これは神さまに信頼し、賛美と礼拝を第一にすることによって戦いに勝利するという、驚くべき戦略の物語です。

それから、ユダとエルサレムの人々はひとり残らず、ヨシャパテを先頭にして、喜びのうちにエルサレムに凱旋した。主が彼らに、その敵のことについて喜びを与えられたからである。

（第二歴代誌二〇・27）

神の民は礼拝によって戦いました。民の礼拝は天を動かし、あとのことは神さまご自身がすべて成し遂げたのです。

喜びによる霊の戦い

私たちの心の中は、イエスさまの喜びで満ち溢れているべきだと思います。生活やミニストリーの隅々に至るまでそうあるべきです。とりなしをしている人たちの多くに、欠けている要素があります。それは、その人たち自身の生活が天の喜びで満ち溢れていないということです。私は天国に出かけて行き、そこがどれほど喜びで満ちたところかを見てみたいと思っています。天でのとりなしは、労苦とか努力などとは程遠いものです。そのようなものは、一切天に存在しません。天のとりなしは、喜びと知識を源泉にしていると思います。

わたしのくびきは負いやすく、わたしの荷は軽いからです。（マタイ十一・30）

メッセージ・バイブルにはこう書かれています。「わたしと一緒にいなさい。そうすればあなたは、自由で軽々と生きることができます。」（マタイ十一・30英語聖句直訳）

気軽で楽ちん

教会員の男性が、夢を見たと言って私のところに来ました。彼が言うには、川が見えて、その川の上を私と何人かの女性のグループがプカプカ浮かびながら歩いていたそうです。私と女性たちは喜びに満たされ、笑いながら川に浮かんで下ってきたそうです。そして私たちは喜び笑いながら、いろいろな問題を解決していたと言うのです。難しいようには見えず、私たちは軽い気持ちで問題解決に取り組んでいたそうです。川の堤防沿いに、割れたガラスの花瓶がいくつかありましたが、私たちが奇跡の掃除機を持って来て割れ物を片付けたそうです。彼が私たちを眺めていると、私たちは気軽な雰囲気で楽しそうに見えたそうです。私はそれを聞いて、思わず笑ってしまいました。「そうね。私たちの祈り方って、そんな感じよね」と。

ある方々には、この話はとてもあり得ないことのように思えるかもしれません。でも私はあえて言います。これこそが最も効果的で斬新な戦い方です。敵の罠の一つは、私たちを彼らと同レベルに引き下げ、同じ土俵で戦わせようとすることです。サタンの世界は重たい荷物と労苦で一杯です。そんな世界に入り込んでしまったら、疲れ切ってヘトヘトになるだけです。それこそ敵の思う壺です。私たちは、連続で祈らないわけではありません。でも重要なのは祈り続ける際の心の持ち様です。私たちは肉の努力で無理をして祈っているのでしょうか。自分の力で重い荷物を担っているのでしょうか。

数年前、私たちは辛いけれども価値ある教訓を得ました。私が懇意にしていた、女性ばかりの小さなとりなしのグループがありました。その中の一人は、まだクリスチャンになりたての若い女の子で、とりなしについても余り知りませんでした。その頃は、とりなしの祈りがとても忙しくて大変な時期で、父なる神さまとの交わりが余りありませんでした。

私たちは教会に行くと、問題を探し出してはそのために祈っていました。イエスさまから目を離したまま、すべての時間を費やしていたのです。あの頃の私たちは、まだそうすることしか知りませんでした。そうすることがとりなし手の使命だと思っていたのです。教会内の悪霊問題をすべて解決することが、自分たちの責務だと思っていたのです。確かにそれは大変な労苦で、家に帰ったときは疲れ切ってヘトヘトでした。

ある日私は、友人たちから電話をもらいました。あの若い姉妹が教会を離れてしまったと言うのです。彼女は教会にはもう来ないと言って立ち去り、私たちともかかわりたくないとのことでした。このことは私たち全員にとって痛烈でした。いったい何があったというのでしょうか。彼女の躓きの原因は何だったのでしょうか。数ヶ月がたったとき、主人がある教会から奉仕を依頼されました。あの若い姉妹も私たちが来ることを耳にし、夫の説教を聞きに集会に来ました。

礼拝の終わりが近づいたとき、聖霊が会場の人たちに降り始めました。その若い姉妹も床に倒れ、しくしく泣いていました。私は姉妹の傍らに座り、彼女ために祈りました。そのとき私は、何があったのかを聴くことができました。なぜ彼女は去ったのでしょうか。彼女の口から出て来た言葉は、その後の私の人生を変えました。彼女は、祈りの中で戦ったり労苦することに疲れ切ってしまい、もうそれ以上続けられなかったと言いました。そのような生活が通常の信仰生活だと思ったのだそうです。彼女はそれしか見たことがなかったのです。燃え尽きてしまったのです。本当は喜びの生活があり、霊的な活力を回復できる場があり、私たちはそこで力を受けながら歩んでいるわけですが、彼女にはそんなことを知る由もありませんでした。

私はそれを聞いて申し訳ない気持ちになりました。その日私は悔い改め続けました。今でもあの若い姉妹は教会に戻っていません。彼女はもう神さまを愛していないのでしょうか。私は愛していると信じています。これは悲しい話ですが、誰もが聞いておくべき教訓だと思います。神さまは、とりなしの祈りからストレスや肉の努力を取り除きたいと願っています。燃え尽きてしまうことがないように、私たちは霊の力で満たされ続ける必要があるのです。

喜びの定義

その永遠のいのちとは、彼らが唯一のまことの神であるあなたと、あなたの遣わされたイエス・キリストとを知ることです。（ヨハネ一七・3）

喜びを定義するなら、「良いものを受け取ることによって生じる興奮または快い感情、嬉しさ、快楽、歓喜、精神の高揚」です[注3]。

土地のために祈りに行くときは前もって調査するので、その土地で以前良からぬこ出来事があったことを私たちは知っています。でも私たちが知っているもうひとつのことは、その地域の霊的風土を変えるための何かを、神さまがもたらそうとしていることです。私たちが嬉しいのはこの点です。それでこそ私たちは喜びながら出て行くことができ、その土地に必要なものを解き放つことができるからです。良いものを受けられるという期待感があるからこそ、喜びが持てるのです。

戦いの中で喜びを用いる場合、その人が良いことが起こることを期待していることが条件です。私は実習生たちを地元にある仏教の寺に連れて行きました。異教の神が祀られているところで祈らせるのは良い経験になると思ったからです。私たちはそこに祈りに行きました。私は以前にも何度かここに来たことがありましたので、祈りやすい場所であることを知っていました。寺に到着すると、私は実習生たちに、歩き回りながら祈り、神さまが何を求めているかを捉えるように言いました。

歩き回っている間、実習生のひとりが私のところにやって来て、くすくす笑いながら飛びはねていました。私は彼女をティガーと呼んでいます（訳注・ティガーとは、プーさんに登場するトラのキャラクターのこと）。私は彼女と祈るのが大好きです。それは彼女が、常に神さまの願いに気づいているからです。彼女は単調な声で、ここにはたくさんの悪霊がいて本当に祈りやすいと私に言いました。悪霊のいる場所であっても、神の臨在の中に入るなら祈りやすいものです。

言うまでもありませんが、その日私たちは素晴らしい祈りの時を持つことができました。主の喜びを持ち運ぶといろいろなことが起こります。喜びはその場に期待感といのちをもたらします。喜びが天全体を解き放つというのは本当です。どんなに希望のない状況においても、神さまが解放しようとしていることを感じるなら、私は強い期待感を持つことができます。私たちは解き放つ者です。私たちは暗闇を光で打ち負かすよう定められています。読者は、あなたや他の人たちを支配しようとする暗闇に、混乱をもたらしたいと思いますか。

この方にいのちがあった。このいのちは人の光であった。光はやみの中に輝いている。やみは

これに打ち勝たなかった。（ヨハネ一・4～5）

これは、暗闇が光に打ち勝つことができないことを意味しています。暗闇はそのことを悟ることができません。暗闇は光を見ると完全に混乱してしまいます。あなたが祈るなら、あなたに喜びが来ます。そしてその喜びはあなたからほとばしるのです。スピリット・フィルド・ライフ・バイブルは、「闇は光を悟らなかった」（五節）という箇所の「悟る」という言葉に関して、次のようにコメントしています。「光は暗闇に勝るだけでなく、一時的な暗闇に比べて永続するものである。クリスチャンの喜びは、そのことを知る中にある。」

喜びは奇襲攻撃

「喜びによる戦い」について話しましょう。喜びを「奇襲攻撃（不意打ち）」として運用することについて述べたいと思います。

戦いにおいては、あるとても重要な原則を運用しなければなりません。喜びは奇襲攻撃（不意打ち）であるという原則です。「肘掛け椅子の将軍」という雑誌の中でロバート・R・レオンハードは次のように述べています。

『奇襲攻撃は効果を期待できる戦法である。敵の探索行動を遅らせる戦術には隠密行動、カムフラージュ作戦、陽動作戦、戦術的安全対策、間接的接近法などがある。例えば待ち伏せ作戦（伏兵による奇襲）には、武器砲火だけによらず、混乱、騒音、恐怖などにより敵をうろたえさせる狙いがある。

それゆえ奇襲攻撃は現存する巧妙な戦闘の原則であり、戦闘における不変的手段である。その理由は奇襲の構成時間が短いことや、敵の不意をつけるという特性が不変だからだ。過去においてもそうだったが、『司令官たちは敵の裏を書いて戦いに勝利するため、敵の探索行動を遅らせ、敵への接近を早め、戦術の多様化を図って敵の不意をつく手段を今後も探り続けるだろう。』

私は「喜びによる戦い」も、これと同じことだと思っています。喜びは奇襲攻撃のようなものです。喜びは敵の陣営に混乱をもたらすと思います。敵は喜びとの接近戦に対処する術を知りません。喜びは完全に悪霊たちの不意をつきます。ベテル教会では、日曜の晩、夕拝前に祈祷会を行っています。礼拝準備祈祷会です。私は、外部からの訪問客の方々がこの祈祷会に参加するのを見るのが大好きです。というのは、この祈祷会はむしろ、「ハッピー祈祷会」と命名したほうがいいような集会だからです。

良薬

この祈祷会の部屋には、座っている人もいれば、床に寝転んでいる人、ぐるぐる歩き回っている人もいます。友だちと腕組みをして歩いている人もいますし、床に転がって主の臨在に浸っている人もいますし、座って聖書を読んでいる人もいます。私が来訪客の方々に見てほしい理由は、このような祈祷会を見たことなどないはずだからです。時には参加者たちは、どうしていいわからずにいることもあります。確かなのは、この祈祷会はまじめに過ごす時間ではないということです。この集会は喜びの時間なのです。通常、祈祷会が終わる頃には、参加者たちは床に倒れているか、室内の至るところで笑っているかです。天使たちもあの雰囲気が本当に気に入っていて、自分たちも参加して楽しんでいるようです。私たちの戦い方は喜び一杯です。笑いは良薬なのです。

陽気な心は健康を良くし、陰気な心は骨を枯らす。（箴言一七・22）

「陽気な」という言葉の定義は「気分の良さが溢れ流れている」「浮かれて騒いでいる」「はしゃいでいる」「楽しく賑やかな」です[注6]。

私が知っているある牧師は、教会の人たちを何人かのグループに分け、輪になって座ってもらい、一人ひとりが輪を一巡して各自が直面している問題を分かち合い、最後には全員でその問題を笑い飛ばすそうです。参加者たちは、問題が大したことではないと思えるようになるまで笑い続けるそうです。

メリーランド薬科大学バルティモア校の研究員グループが、面白おかしい映画とストレスを感じさせる映画を見た際の人体へ影響を比較したところ、以下のような結果が出ました。

ストレスは血流を約三五%遅くしたが、笑いは約二二%早くした、と米国循環器大学に報告しました。

この研究を指導した、メリーランド州立大学医療センターの心臓病予防学部長マイケル・ミラーは、次のように述べました。

「血管内皮はアテローム性動脈硬化症が発達する最前線です。ですからこの研究結果は、笑いが健康な血管内皮を維持し、心臓病のリスクを軽減するのに重要な役割を果たす可能性があることを示唆しています。……少なくとも笑いは、血管内皮に有害な精神的ストレスによる衝撃を相殺します。三〇分の運動を週に三回行い、一日に一五回笑うことによって、血管系統に良い効果が期待できるはずです。」注7

あなたは私のために、嘆きを踊りに変えてくださいました。あなたは私の荒布を解き、喜びを私に着せてくださいました。（詩篇三〇・11）

注 1” The New Testament Greek Lexicon,”

Studylight.org,” Proskuneo” http://www.studylight.org/lex/grk/view.cgi?number=4352(accessed 18 Sept 2008).

注 2 New American Standard Exhaustive Concordance of the Bible, Hebrew-Aramaic and Greek Dictionary,

Robert L. Thomas, Ed.,version2.2,s.v.v.” Tehillah,”” Hallel.”

注 3 The New Webster Encyclopedic Dictionary of the English Language s.v.” Joy.”

注 4 Spirit-Filled Life Bible(Nashville:Thomas Nelson Publishers,1991).

注 5 Robert R.Leonhard,” Surprise,” The American General,

LTC,www.jhuapl.edu/areas/warfare/papers/surprise.pdf(accessed 13 April 2008).

注 6 The New Webster Encyclopedic Dictionary of the English Language,s.v.” Merry.”

注 7” Laughter boosts blood vessels,”

BBC News, March 7, 2005, http://news.bbc.co.uk./2/hi/health/4325819.stm

(accessed 13 April 2008).

第九章　安息は内面的なもの

片手に安楽を満たすことは、両手に労苦を満たして風を追うのにまさる。（伝道者の書四・6）

本当に天を体験するなら、人は必ず変えられます。私の場合、天を体験しているときは、まるで自分の全存在が覚醒しているかのように感じられます。最近私はイエスさまに連れられて、いろいろな人に会う体験をしました。突然私はイエスさまと、イングリッシュ・ガーデンのあるコテージの前に立っていました。私を抱きかかえたイエスさまは、美しい花々で覆われた日よけの下に私を連れて行き、コテージへと続く歩道に私を立たせました。そのコテージは、私のものであることがわかりました。私がたたずんで辺りの様子を伺っていると、庭の周りから孫たちがやって来ました。最初に来たのは初孫のケネディーでした。「ああ良かった、おばあちゃんがいてくれて。一緒に遊びましょ」とケネディーは言いました。そして孫たちはみな、遊び回り始めました。次は親戚一同に囲まれている感じがしました。姿は見えませんでしたが、彼らがそこにいることはわかりました。その次に感じたのは終わりの時のことでした。私たちはみな天国にいて地上での生涯は終わっていました。

　すると左のほうから、私の母方の祖母が現れました。私たちは彼女を「お婆」と呼んでいました。お婆は目鼻立ちがはっきりとした大柄な女性で、よく笑う人でした。お婆のご主人は説教者で、二人の生涯は山あり谷ありでした。お婆には苦々しい経験がたくさんあり、それは健康さえも蝕《むしば》みました。お婆は亡くなる前に、苦々しい感情をすべて捨て去ることができましたが、むしろ苦々しさを吹き飛ばすほどよく笑い、人生を楽しんでいました。お婆が笑うときは体を後ろに仰け反らせ、喉の奥まで見えるほど大きな口を開けて大声で笑いました。お婆のそんな姿を見て、みんな楽しそうにしていました。私が天国でお婆に会ったときも、お婆は頭を後ろに倒して大笑いしました。その姿は生前と変わっておらず、紛れもなくお婆でした。私は「お婆は天国でも楽しく生きているのね」と思いました。

　その直後、私の父方の祖母が見えました。祖母は日曜学校で教えることが大好きで、二五年間も教えていました。祖母が日曜学校の奉仕を引退した日曜日、教会では祖母の表彰式が持たれました。祖母は講壇の上に立っていたのですが、そのとき発作を起こして倒れ、五日後に昇天しました。（幻の中で）私が振り向いて祖母を見ると、祖母は日曜学校の子供たちに囲まれていました。私はその姿を見て、祖母は自分が大好きだったことを地上ですることができて本当に恵まれていたのだと思わされました。

この体験をしている間、以前神さまの臨在の中で感じたのと同じ霊的な感覚がありました。平安です。でも今回の平安には少し違うところがありました。今までに感じたことのない完全な平安だったのです。詳しく説明します。どう違っていたかというと、頭の中がすっきりしていたということです。ストレスがまったくなく、日常のいろいろなことから来る精神的プレッシャーや雑念が全然ありませんでした。私は余りにも解放された状態にあったため、幻を見ている間中、ずっと赤ん坊のように泣き続けていました。もちろん悲しくて泣いていたのではなく、嬉しくて泣いていたのです。「これが天国なんだわ。天国に行くとこんな風に感じるんだわ」と思わされました。想像できますか。地上での様々な煩わしさがまったくない、永遠の天国の感覚。それはまさしく平安です。天の安息です。これさえあれば何も要らない、と思えるような完璧な平安です。

安息の場

「レストレス（落ち着かない、不安だ）」という言葉が、「レスト（安息）」という言葉に由来しているというのは面白くありませんか。以前私は、祈りに関して、とてつもなく大きな責任を負っているかのように感じていた時期がありました。そんなある日、ひとりの生徒が私のところに来て、私がそのような責任を感じる必要はないという趣旨の話をしてくれました。私にはその言葉が、とても大きな励ましになりました。その言葉は、実に的を射ていたのです。その言葉は、私の心に吹き込んだ爽やかなそよ風のようでした。その言葉によって、安息の場に立ち返ることができました。もちろん祈るのを止めたわけではありません。でも、祈りの課題に姿を借りた肉の努力や、義務感による行いから解放されたのは確かです。信仰とはすべてを主に委ねることから来るものであって、努力の産物ではありません。

行い主義（律法主義）というものがあり、私たちはつい惑わされて、神さまが導いていないことまで義務的にやってしまう場合があります。それに陥ってしまうと、安息できなくなります。神さまのためにコレコレをしなければならない、コレコレをしないと神さまから認めてもらえない、と感じるようになります。コレコレをすれば神さまは私を受け入れてくださる、私をもっと愛してくださる、と考えるようになるのです。

いいですか、みなさん。みなさんは神さまのために何ひとつする必要などありません。あなたに向けられた神さまの愛が減ることなどないからです。神さまのために労苦しないと自分が保てないクリスチャン、義務的に何かをしていないと神さまに受け入れてもらえないと思っているクリスチャンが大勢います。でも神の国では、ありのままで受け入れてもらうことからスタートするではありませんか。クリスチャンとしての自己像は、ありのままの状態を出発点として形成されます。

とりなし手である私たちは、まさにその新しい自己像を土台にして祈る必要があるのです。「私はすでに受け入れられている。何もしなくても愛されている。神さまの好意はすでに得ている。」というコアバリューに立って祈る必要があります。いいですか。私たちは何もしなくても受け入れられているのです。残念ながら私たちの多くは、日常生活の中ではなかなかこのようなコアバリューに触れる機会はありません。この世の生活では、アレもコレもやらなければ報われないし、認めてもらえないからです。

でも神の国はそうではありません。神さまはあなたが何もしなくても、愛を惜しむことなどありません。それどころか、神さまは私たちがもっと深く主の愛を知り、安息に入ることを願っているのです。主の安息について更に深く見ていきましょう。

真の安息日

あなたがたは罪によって、また肉の割礼がなくて死んだ者であったのに、神は、そのようなあなたがたを、キリストとともに生かしてくださいました。それは、私たちのすべての罪を赦し、いろいろな定めのために私たちに不利な、いや、私たちを責め立てている債務証書を無効にされたからです。神はこの証書を取りのけ、十字架に釘づけにされました。神は、キリストにおいて、すべての支配と権威の武装を解除してさらしものとし、彼らを捕虜として凱旋の行列に加えられました。こういうわけですから、食べ物と飲み物について、あるいは、祭りや新月や安息日のことについて、だれにもあなたがたを批評させてはなりません。これらは、次に来るものの影であって、本体はキリストにあるのです。（コロサイ二・13〜17）

この箇所から、イエスさまが十字架によって何を成し遂げたかがわかります。債務証書を無効にしたのです。債務証書とは、法的効力のある様々な規則や規定、すべてです。それらはみな十字架に釘付けにされました。支配と権威は武装解除されました。私たちの主はすべてに勝利したのです。それゆえ真の安息日は、神の安息なのです。神さまが安息され、イエスさまも使命を果たして安息されたので、私たちも安息に入ることが可能になりました。

したがって、安息日の休みは、神の民のためにまだ残っているのです。神の安息に入った者ならば、神がご自分のわざを終えて休まれたように、自分のわざを終えて休んだはずです。（ヘブル四・9〜10）

「安息」を意味するヘブル語シャバッスも、ギリシャ語カタパウシスも、原義は「(〜を)やめる、祝う、努力を思いとどまる、去る、放棄する、休息して待つ」です[注1]。真の安息日の意味は、労働や努力、自分の活動を止めることです。奉仕や神の国のための働きを止めろという意味ではありません。安息の精神を持つ必要があるということです。すなわち自力による努力、自力による激務を止め、他力に寄り頼めということです。他力とは神さまのことです。やり過ぎているな、がんばり過ぎているな、と感じ始めると、私はいつも自分自身にストップをかけ、主の安息に入ることにしています。安息に入ると、人生が一段と充実し、奉仕や賜物がより一層効果的に働きます。

安息を保つ

とりなし手として安息のうちに留まりたいなら、祈り方や自分の役割の果たし方、重荷の委ね方を学ぶ必要があります。娘のリアは、五年間、子守の仕事をしていました。女の子を二人看ていましたが、そのうちのひとりは霊の世界を見ることができる子でした(この子をレイチェルと呼ぶことにします)。レイチェルは感覚と視覚を使って、霊の世界の状況を捉えることができました。

ある日私は娘に電話して外食に誘いました。私たちは地元のレストランで一緒にお昼を食べました。レストランに入ると、レイチェルはリアの後ろに隠れました。みんなで席に座るとレイチェルはそわそわし始め、何度も辺りを見回していました。私は「どうしたの」とレイチェルに尋ねました。レイチェルが言うには、後ろの席に座っている女性に悲しみがあり、心が痛んでいるとのことでした。

当時レイチェルはまだ三歳でしたが、私は、この子には人の状況がわかるのだと気づきました。そこで私たちはその場で祈り始め、イエスさまがその女性の心を癒してくださるようお願いしました。それでもレイチェルはまだ落ち着かない様子だったので、私は「もう一度祈りましょう」と言い、みんなでもう一度祈りました。そのあとレイチェルに、その感覚をイエスさまに差し出し、お任せするように言いました。レイチェルはようやく落ち着き、笑顔が戻りました。私は驚きながら思い巡らしました。「私も、重荷を委ねることをもっと若い頃に学んでいられたら良かったのに。そうすればいろいろな心の痛みを避けられたでしょうに。」

心の安息を持ち続けることは可能だと思います。なぜなら神さまは、この世の重荷を私たちに担えとは言っておられないからです。逆に私たちが安息に入るよう願っておられます。夫はこの世で最も多忙な人のひとりだと思います。ですから主人にとって、十分な安息を得ることは常に重要課題です。でも夫婦として長年連れ添ってわかったことは、主人はいつも主にある安息を持ち続けているということです。これは夫の特技だと思います。夫には、自分の力がどこから来るか、どこから力を得ればいいのかがわかっているのです。もし主人が力の源泉を知らなかったなら、彼の生活は立ち行きません。私たちには別の選択肢はありません。神さまだけが私たちの選択肢であり、力の源泉なのです。

すべて、疲れた人、重荷を負っている人は、わたしのところに来なさい。わたしがあなたがたを休ませてあげます。わたしは心優しく、へりくだっているから、あなたがたもわたしのくびきを負って、わたしから学びなさい。そうすればたましいに安らぎが来ます。わたしのくびきは負いやすく、わたしの荷は軽いからです。（マタイ十一・28〜30）

英語の聖書では、この箇所に「安息」という言葉が二度使われています（「休ませる」と「安らぎ」）。初めにイエスさまが安息について述べている部分は、「わたしのところに来なさい。わたしがあなたがたに安息を与えます」（マタイ十一・28参照、英語聖句直訳）。二回目の部分は、「そうすればたましいの安息を見出します」（マタイ十一・29参照、英語聖句直訳）。まず私たちは主のところに行く必要があります。そうすれば主が安息を与えてくださいます。次に私たちは、主のくびきを負い続けるに当たり、主から学ぶ必要があります。これは聖霊の学校のことです。私たちが聖霊との交わりや聖霊の働き方、聖霊の臨在に関して成熟するにつれ、私たちはたましいの安息を見出すようになるのです。

マタイ八章でイエスさまが見本を示しています。

嵐の中での安息

イエスが舟にお乗りになると、弟子たちも従った。すると、見よ、湖に大暴風が起こって、舟は大波をかぶった。ところが、イエスは眠っておられた。弟子たちはイエスのみもとに来て、イエスを起こして言った。「主よ。助けてください。私たちはおぼれそうです。」イエスは言われた。「なぜこわがるのか、信仰の薄い者たちだ。」それから、起き上がって、風と湖をしかりつけられると、大なぎになった。人々は驚いてこう言った。「風や湖までが言うことをきくとは、いったいこの方はどういう方なのだろう。」（マタイ八・23〜27）

この箇所を読むと、弟子たちが嵐で死にそうになっている最中、なぜイエスさまは寝ていられたのだろうかと考えさせられます。イエスさまご自身も、弟子たちが助けを叫び求めた後、「**なぜこわがるのか、信仰の薄い者たちだ**」と問うています（マタイ八・26）。イエスさまは心の中に、常に安心感を持っておられました。イエスさまの霊的現実を揺るがすものは、何一つありませんでした。嵐の中でさえ眠ることができたのです。この出来事を通してイエスさまは霊的安息を実践して見せ、模範を示してくださいました。心の中に安息を持っている人の姿はこのようであると。

単純なこと

しかし、私たちが主にある安息を持ち続けることができるとしても、安息の中に入る方法を学ぶ必要があるのは確かです。私は、主の安息を実践し始めた頃のことを今でも覚えています。数年前のことですが、私は車で街まで買い物に行きました。一時間くらいの道のりでしたが、途中で車が故障してしまいました。私は慌てふためいてしまい、頭に血が上りました。「いったいどうしたらいいの！　これじゃ一日が台無しじゃない」。人はすぐには観念しないものです。私は公衆電話を見つけ（当時はまだ携帯はありませんでした）、主人に電話しようとしました。でも、番号を押しながら考えました。「どうしてこんなことしてるのかしら。どうしてうろたえる必要があるの？」

そのとき私は、とても単純ではあるものの、その後の私を変えたある事柄に気づきました。時として私たちの考え方を変えるものは、どこにでもある単純な事柄ではないでしょうか。私は思いました。「ねぇベニー。落ち着いてごらんなさいよ。安息すれば、この状況でも神さまが助けてくださるに違いないわ」。私は思いを切り替え、この状況を神さまにお任せすることにしました。

そう決意したとたん、すべてのことが整然とし、上手く行きました。私はその日、私の生涯を変えた「主の安息」を選び取りました。今もあの日のことを思い出すことがよくあります。些細なことを通して神さまは、主の安息に入るならいつでも折に適った助けを得られることを教えてくださったのです。すべては私の選択に掛かっていました。

みなさんは「もし○○の場合はどうなの」と考えることはありますか。例えば、弟子たちがイエスさまと同じように安息の中に入っていたら、あのときどうなったのか考えたことはありますか。その場合、この箇所のシナリオはどうなっていたのでしょう。今、あなたが「主の安息」に入ると何が起こりますか。あなたの人生はかなり違ったものになるのではないでしょうか。

神さまは、私たちがなすことすべてにおいて主の安息を選び、安息の道を進むのを待っておられるのです。

注　1　New American Standard Exhaustive Concordance of the Bible, Hebrew-Aramaic and Greek Dictionary, Robert L. Thomas, Ed.,version 2.2,s.v.„ Rest.„

第十章　問題への対処

私は二年間ほど、教会に行くたびに泣いていた時期がありました。理由は、霊的にいろいろ感じたり分かったりしてしまうためです。日曜礼拝で主の臨在をとても強く感じて、泣いてしまうこともありました。その頃、栄光あふれる天の感触で満たされることがよくありました。でも大勢の人が集まる場所で泣いていると、周囲の人たちに違和感を与えてしまうものです。どこか具合でも悪いのではないかと思い、たくさんの人が私を気遣ってくださったのを覚えています。私は、神さまを強く感じていたのだと説明しました。悪い理由で泣いていたわけではありませんでしたが、あまり理解してもらえませんでした。傍から見れば、何か問題があるようにしか見えなかったようです。しかし、私としては、この上もなく恵まれた体験をしていたのです。

その時期は、人目を避けてとりなしの祈りをしていることがよくありました。その期間は、私にとっても周囲の人にとっても学びの時だったのです。その後、礼拝の中で驚くような神さまの働きが始まりました。教会全体でとりなしの祈りが強まったのもこの時期でした。念のために言っておきますが、私たちは初めからリバイバルしていたわけではありませんし、リバイバルを求める特別な祈祷会があったわけでもありません。リバイバルが起こり、その結果として祈祷会を持つようになったのです。恵みによって神さまが訪れてくださり、それによってとりなしの祈りが成長しました。

教会でのとりなしのミニストリーは、仕える働きです。とりなし手である私たちがすべきことは、牧師やリーダーたちのために祈り、教会内の様々な働きのために祈ることです。とりなしの目的は、指導者たちとその働きが祝福され、成長拡大することであり、彼らと彼らの家族が守られることです。とりなし手である私たちの存在理由は、指導者たちが仕事をしやすくなることです。私たちはそのような思いで、とりなしをしていました。私たちは仕える存在だと感じていました。

その頃は、礼拝の間だけ祈っていればいいと思っていました。賛美チームのために祈り、礼拝中は説教者のために祈りました。祝福と油注ぎのために祈り、神さまが働いてくださるように祈りました。日曜日にステージ裏にとりなし手を配置するようにしたのもそのためです。私たちの願いは、神さまが一方的に働かれ、私たちはただ導かれるままに主に従い、落ち度なくみこころを成し遂げることでした。とりなし手たちは、日曜日における賛美チームや説教者の働きを霊的に守る存在でした。

悪夢と向き合う

その時期には、否定的な事柄に捕らわれる人がたくさんいたのを覚えています。私は夢や幻や思いという形で、地上における神さまの計画とは無関係な、否定的な思いを持ちました。覚えていますか。第二の領域から来る、夢や幻や思いに捕らわれてしまうとりなし手たちの話を。その頃は、何人もの人が神さまから来ているとは思えない、とても否定的な話をしに私のところに来ていました。どういうことなのかを聖霊に尋ねたところ、「とりなし手たちが天の見地に立って祈ることを学ぶためにその状況を許している」という答えでした。

そういうわけで、とりなし手たちが否定的な話をしに私のもとに来たときは、神さまにはご計画があって、第二の領域から感覚や思いが来るのをあえて許していると説明しました。その説明を受けたとりなし手たちには、天の見地に立って霊的な捉えかたをする責任が生じました。私は、神さまが何をしようとしておられるのかをきちんと尋ねるよう、とりなし手たちに指導しました。否定的なものを見たときは、必ず神さまのもとに行き、「神さま、何をしようとしておられるのですか。このことを通して、あなたは何を語っておられるのでしょうか。私はどのように祈ればよいのでしょうか」と尋ねる必要があるのです。

表面の土は、容易に見ることができます。しかし神さまの願いは、その土を掘った奥にある宝を見つけさせることです。聖書はこう言っています。


事を隠すのは神の誉れ。事を探るのは王の誉れ。（箴言二五・2）

神の方法を知る

宝の探し方のお手本をお話しします。ある日曜日の朝、私は神さまに触れられて床に倒れていました。神さまは、街で刺青《いれずみ》店のオーナーをしていた青年の姿を私に見せました。私はその青年が自分の店にいるところを見たことがあったので、直ぐに分かりました。彼の表情に、憎しみと怒りが見て取れました。青年や彼の仕事を呪うどころか、彼に対する神さまの心を知らされました。私の心は砕かれ、神さまが彼に愛を注いでくださり、彼の憎しみと怒りが取り去られ、青年に対する神さまのみこころがなされるように祈りました。

その後、青年が生き方を変えたとか、憎しみや怒りを捨てたという話は一度も聞いていません。でも祈りが強く導かれたことから、あの朝神さまは、何らかの計画を持っていたのだと思います。とにかく私は青年のために破れ口に立ち、彼のために神さまに乞い願いました。

みなさんの心を神さまに差し出してください。そして神さまにとりなしの祈りを導いてもらってください。静まって、主が神であることを知ってください。私はその青年のために祈っていたとき、神さまの目線で彼を見ることができました。私たちはそういう状態を、「誰々の中に黄金を見出す」と表現しています。

人の中に黄金を見出すには、深く掘らなければなりません。土を見つけるのは簡単ですが、黄金を見つけるには深く掘らなければならないのです。それはその人を、神の目線で見ることに他なりません。何か悪いものが見えたときは更に深く神さまを求め、黄金を見出すようにしてください。神さまが導いているものを探してください。そうすれば黄金に辿り着くことができます。まぁ、天の祈りってなんて素敵なのかしら！

とりなし手としての私の願いは、私がとりなしているリーダーたちに、私のことを重荷ではなく祝福と感じてもらうことです。ある日の午後、私はある牧師と話すためにその牧師の教会に行きました。集会でメッセージをした後、牧師にとりなし手との人間関係がどんな具合か尋ねました。「本当に知りたいのですか」と牧師が言うので、「はい」と答えると、「実を言うと疲れますね。彼女たちの相手をするのは。彼女たちは、教会は斯くあるべしと、自分たちの夢物語や警告とやらを話すので、私は疲れてしまうんです。」そこで私は牧師に、ひとりだけとりなし手のリーダーを選び、他の人たちと話すのは月に一度くらいにして、とりなし手との関係を維持していってはどうかとお勧めしました。

とりなしチームにリーダーを立てるというのは良い方法だと思います。というのは、牧師の監督下でリーダーにとりなしチームの指導を任せることができ、リーダーに助けが必要なときには、牧師のところに来ればいいからです。

躓くことなかれ

日曜日に教会に集い、人々に口を開いて語る機会を与えると、彼らを通して一日中でも神さまの語りかけを聞くことができます。それくらい預言的な油注ぎがあふれているのです。私たち夫婦がベテル教会に赴任してきた日曜日のことは、今でも忘れません。たくさんの人から、今後の日曜礼拝に関する預言的な話を聞くことができました。私たちのすべきことは、その中のどれを実施するかを検討し、選び出すことだけでした。それらの預言的な発言やとりなし手の言うことを如何に処理するかは指導者の責任であって、とりなし手がすることではないと気づいたのは、その頃のことでした。

私たちは必ずしも、彼らの言うことを全て採用したわけではなかったので、ある人たちにとっては辛い思いをした時期だったかもしれません。しかし、とりなし手にとっては、リーダーシップに関するとても良い教訓となりました。とりなし手である私たちは、神さまのみこころだと感じたことをリーダーに言わなければなりません。でも言った後のことについては、リーダーの判断に委ねなければならないのです。牧師ととりなし手の間には、信頼によって築き上げられた人間関係がなければなりません。とりなし手の皆さん、次のことを忘れないでください。あなたは牧師や指導者の助け手です。祈りによって彼らを守ることがあなたの使命なのです。

アートによるとりなし

ベテル教会では、芸術を用いてとりなしをすることがとても重要視されています。芸術ととりなしがどのように関わりながらともに働くかについては、二つの形態があります。

左記は舞台上でのとりなしに関する規範です。

当教会の日曜礼拝のために奉仕するとりなし手は、ワーシップ（礼拝）によるとりなしの重荷が与えられている人で、ワーシップを通して神の協力者として機能し、霊的な雰囲気を変えたいと願う人たちです。とりなしチームは、ワーシップを通して天の活動を解き放つために、霊的雰囲気の中で感じ取ったことを身体で表現するように創造的な行動をとることが求められます。

とりなしチームの成長は、人間関係と互いの絆の維持にかかっています。人間関係と相互理解を重視することによって、霊的雰囲気に変化が起きたとき、その変化を容易に察知し、それに応じた行動を一致の中でとることができると私は考えています。とりなしチームの目的は、祈りによる援護により賛美チームに協力することです。人間関係を構築することにより御霊にあってひとつとなり、一致のうちに、より大きな権威をもって行動することができます。

リーダーである私にとって、献身的なとりなしチームの存在は祝福です。とりなし手とは、神が常に善であることに興奮を覚え、それを期待し、新しいことが起こるのを待ち望む人々です。ベテル教会のとりなしチームは喜びを尊び、神の愛を解き放つ者となることを願いとしています。

とりなしチームは礼拝開始一時間前に集合し、賛美チームが練習している間に賛美奉仕者のために祈ります。そうすることにより御霊にあって賛美奉仕者と結合でき、同時に日曜礼拝で神がなそうとしていることを捉えることにもなります。ワーシップが捧げられている最中、リーダーは祈りのうちにチームメンバーを配置する位置を感覚的に捉えます。私はとりなし手の配置に関する限り、リーダーが権威を行使し、各メンバーを指導することが肝要だと思っています。

ベテル教会では複数の日曜礼拝が持たれるため、とりなしグループには複数のリーダーがいます。とりなし手のリーダーは、常に賛美リーダーの後方に配置されます。とりなしチームは賛美チームの隣りに配置されます。その際、各とりなし手は、自分がカバーする霊的な範囲を理解していなければなりません。この点においても、互いの人間関係を強化する必要があります。

賛美が終わるとともにとりなしチームは集合し、互いの一週間が守られるよう祈り合います。権威を行使して自分のとりなし手を守ることは、メンバーに捧げ得る最上の贈り物です。

私は芸術によるとりなしにも、これと同じ原則を用いています。アーティストと私が各とりなし手に期待することは、アーティストの絵画が御霊の働きの現われであることを覚え、それに相応しい動きをすることです。

アーティストは天の視点で絵画を描きます。目に見えない世界の状況を捉えることを常に意識することで、私たちは神の癒しや解放のわざの中に進み入ることになります。音響、色彩、絵画は、天使の訪れを促します。私たちとりなし手は、それを解き放つ者であることを覚えてください。私の願いは、芸術を通して神さまの心と真理が現わされることであり、アートによって会衆が霊感を受け、この世の限界を超えて自由に生きることです。絵画によって束縛から解放されることは、実に素晴らしいことです。天使を描いた絵画のゆえに神さまが天使を遣わしてくださるとしたら、それほど素晴らしいことはありません。私は、天との接触によって描かれた絵画を通して、神さまからの語り掛けを受けてきたことを証しする者です。神さまは芸術を通してご自身を現わし続けており、今後も益々そうなさるでしょう。

時としてアーティストたちは夢や幻を見ますが、それによって彼らは、私が「生ける芸術」と呼んでいる領域に達します。「生ける芸術」とは、神との交わりを生き生きと感じさせる芸術のことです。アーティストたちはまさに「生ける芸術」の中に没入した状態になりになり、絵画と一体化します。他のアーティストたちは様々な色彩をダウンロードし、それを会場に放射し、霊の領域で起きていることを表現します。アートについて馴染みのない方々にとっては、その光景は単なる色彩と動きにしか見えません。しかし音響とともに色彩が放射され、神の新しい創造性を体験できる機会が提供されているのです注1。

教会カンファランスの開催中の話ですが、フィジー諸島に友人を持つ友人から、フィジーに津波が接近しているという情報を聞きました。私たちはこのために祈る必要があると感じました。そこで集会を開いて祈り始めました。祈っているときに、演壇の上に絵画があることに気づいた人がいました。とりなし手のひとりが前の晩に描いたものでした。その絵に気づいた人は演壇の上に駆け上がり、みんなに見えるように絵を演壇の前のほうに移動しました。驚くなかれ、そこに描かれていたのは大きな波がしぶきを上げて大地に押し寄せている絵だったのです。しかし、波と大地の間には巨大なレンガ作りの壁がありました。その壁は、まるで波を防ぐためにそこにあるかのようでした。私たちはみな、驚きを隠せませんでした。その絵と同じように私たちも祈りました。

その朝、私たちの祈りの波が押し寄せました。神さまが津波を防いでくださることがわかっていたので、私たちの信仰は高々と引き上げられました。私たちの中には、少しの疑いもありませんでした。祈り終わった直後、破壊的と思われた波が消滅したという情報を聞きました。その絵を通して、神さまは問題が起こることを予見しておられ、事前に答えを用意していたことを私たちは知りました。

祈りと創造的なアートが融合した話をもうひとつします。それは48HOPといって、アートを取り入れた四八時間の祈りの集会の働きです注2。長男のエリックが四八時間連続で行われる祈り会の必要性を感じ自教会で始めましたが、それがミニストリーに発展し、世界のいくつかの場所でも行われるようになりました。エリックの願いは、「とりなし手」として召されている人だけでなく、誰もが祈りの生活を持つようになることです。

エリックの友人が、ゼカリヤ一・18〜21をエリックに示しました。


私が目を上げて見ると、なんと、四つの角があった。私が、私と話していた御使いに、「これらは何ですか」と尋ねると、彼は私に言った。「これらは、ユダとイスラエルとエルサレムとを散らした角だ。」そのとき、主は四人の職人を私に見せてくださった。私が、「この者たちは、何をしに来たのですか」と尋ねると、主はこう仰せられた。「これらはユダを散らして、だれにも頭をもたげさせなかった角だ。この者たちは、これらの角を恐れさせ、また、ユダの地を散らそうと角をもたげる国々の角を打ち滅ぼすためにやって来たのだ。」（ゼカリヤ一・18〜21）

そこで48HOPでは、絵画や音楽、その他の創作活動を初め、いろいろなことをしながら祈ります。会場に行くと、ライブ音楽やＣＤによる賛美が鳴り響いています。また、会場の至る所に祈りのステーションがあります。例えば、とりなしや礼拝の行為として座って絵を描くステーションもあれば、カンバスの上に世界地図が描かれているステーションもあります。誰でもこのカンバスのところに来て、世界地図上のいろいろな地域に、シャープペンで祈りの課題を書き込むことができます。別のステーションでは預言が書かれたバインダーが置いてあり、誰でもそれを読んでその内容を祈ることができるようになっています。また祈りの日記のステーションもあり、集会に参加している間、そこで祈りの日記をつけることができます。創造的な文章のステーションもあります。そこではテーブルに座り、神さまに思い思いの内容を書き記すことができるようになっています。また、リーダーの導きのもと、全員で祈る時間もあります。マイクが用意されており、それを使って誰でもその時々の祈りの課題を導くことができます。

この集会の素晴らしい点は、普通はそれほど祈り、とりなしをしない人でも、自分の好きな方法で祈ることができるということです。この集会のお陰で、祈りの生活が持てるようになったという声がたくさんありました。祈りは退屈なものであってはなりません。48ＨＯＰは子供たちにも大変気に入られています。あるとき私たちの教会で48ＨＯＰを催したとき、教会員で小学校の先生をしている姉妹が、自分の担任している学級の生徒たちを引率して参加してくれました。賛美の音楽が演奏されている間、彼女は子供たちを床に横にならせ、主の臨在に浸らせていました。

とても素晴らしい光景でした。数分してからは、創造的な表現で祈るステーションに連れて行っていました。

「羊飼いの杖二〇〇五」では、ボブ・ジョーンズとポール・キースが、「天の軍勢」が各地の祈りの家を訪れると語っていました。ある48HOPの閉会の際、集会を閉じようとしていたエリックは、天の軍勢がまだ来ていなかったので躊躇していました。そこでエリックは、他の三人とともに四八時間が過ぎたあとも居残りました。

エリックがピアノの伴奏に合わせて賛美していたとき会場で何かが起こりました。天使たちが会場の至る所に姿を現わしたのです。金色と白色の帯が会場を横切るようにして出現しました。また会場のいろいろなところに光線が輝き始めました。エリックによると、天使たちは裏口から会場に入ってきたそうです。裏口の扉が開いたり閉じたりしたため、天使が入って来たことがわかったそうです。天使たちは座席の通路を上ったり下りたりしました。彼らの足は肉眼でも見えたそうで、会場の中をとても素早く歩きまわっていたとのことです。天使は三〇人から四〇人いたとエリックは言っていました。もちろん天使たちには目的がありました。それは神の栄光を強固なものにすることです。天使たちはそれに三〇分から四五分間費やしました。素晴らしい一夜でした。

神さまは私たちを罪から解放し、自己表現できるようにされました。それは私たちが自己表現の解放者となるためです。この原則は祈りにおいても同じです。私たちはいろいろな表現方法で祈るべきです。それが絵画であっても言葉であっても他の手段であってもです。

預言的なとりなし

左記はベテル教会のとりなしグループの規範です。

教会には組織化されたとりなし手のグループがあります。とりなし手たちは聖霊を待ち望み、導きを求めるよう教えられています。聖書は次のように述べています。

御霊も同じようにして、弱い私たちを助けてくださいます。私たちは、どのように祈ったらよいかわからないのですが、御霊ご自身が、言いようもない深いうめきによって、私たちのためにとりなしてくださいます。（ローマ八・26）

とりなしの集会の面白い点は、とりなし手たちが祈り始める前に聖霊の導きを待ち望むため、毎回集会の流れが異なっていることです。聖霊はとても進歩的で創造的な方です！ですからとりなし手たちは、祈る前にまず聖霊の臨在に浸ります。そして聖霊を待ち望みつつ、体と魂と霊が一体となって機能するよう整えます。とりなし手たちは祈る前に、主が何をしようとしているかを見出すのです注3。

尊敬

とりなしのグループが上手く機能している理由のひとつは、教会の指導者たちから信頼され、尊敬されているからだと思います。人間関係を通して私たち指導者は、とりなし手たちが働きを任せるに足る献身的な人たちであることを知っていますし、彼らが教会に与えられているビジョンを担ってくれることを知っています。

良いお知らせ

あるカンファランスが終わろうとしていたとき、若者が私のところにやって来ました。彼はカンファランスの参加者でしたが、ベテル教会のとりなし手たちと知り合いになる機会がありました。彼が言うには、とりなし手たちがとても嬉しそうにしていたので、交わることができて楽しかったとのことでした。私は彼に、喜びは私たちのＤＮＡだと言いました。彼の言葉は今までで最高の褒め言葉でした。

とりなし手の心は天で満たされているべきです。そして天は喜びで満ちた場所です。

牧師の方々。私は、先生方が、ご自身の教会のとりなし手の方々への信頼を深め、その方々を尊重してくださるようお願いいたします。とりなし手というのは、人格的には少し荒削りかもしれません。またコレコレを感じたとか、アレソレを見たなどと預言者のような振る舞いをするかもしれません。しかし、もし先生の監督下で彼らが羽ばたくことが許されるなら、彼らは死ぬまで先生に献身的に仕えると思います。とりなし手のみなさん。もしあなたが指導者の権威に従い、祈りと奉仕の働きをするなら、あなたが求め続けてきた充実感を見出すことができるはずです。牧師ととりなし手の関係というものは、苦労して築き上げるだけの価値があります。

魔術の祈り

次のような祈りを聞いたことがありませんか。「神さま、牧師に悟りを与えてくださり、牧師が考え方を変えるようお語りください」。これは牧師を操り、支配しようとする祈りです。魔術はこのよう性質を持っています。魔術師たちは、呪文を唱えることによって人や物を支配しようとします。なぜそうするかというと、自分が支配されることに対する恐れや不安があるからです。このような支配的な祈りをするのは危険です。多くの人は祈りによって誰か（何か）を操作しようとしますが、自分が何を仕出かしているのかわかっていません。

人間的に状況を分析して最善と思われる解答を見つけた場合、人は越えてはならない一線を越えかねません。状況を変えようとして操作の祈りを祈るとき、人は一線を越えることになります。このような感じです。

「私は牧師（リーダー）の指導の仕方が気に入りません。だから私がこうすべきだと思うやり方で牧師が行動するように祈ります。」この祈りのどこが間違っているかわかりますか。とりなし手である私たちのすべきことは指導者を支えることであり、祝福することです。ともに歩み、仕えることです。私は、「とりなし手が祝福されるよう祈っています」と人から言ってもらえると嬉しくなります。また、「何かできることがあったら手伝います」と言ってもらえると嬉しくなります。実のところ、指導者も所詮人の子ですから、助けが必要なのは私たちと同じです。

しかし私たちの多くは、無意識のうちに操作の祈りを祈ってきました。もしみなさんにもその経験があるなら、主に赦しを乞い、無意識的に呪ってしまった人が祝福されるよう求めてください。故意に操作の祈りを祈った方は、悔い改めをし、思いを新たにして出直す必要があります。もしかしたらみなさんは、ご自分の指導者に尊敬の念をもって仕えることを、主の前に決心する必要があるかもしれません。

愛の言葉を語る

私は過去数年間、指導者に対して批判的な人たちには、とりなしの賜物がある場合が多いことを学んできました。そういう人たちは批判を祈りに変える必要があります。話していることと逆のことを祈らなければなりません。また、第二の領域（悪霊と天使の領域）の影響を受けてばかりいる状況から抜け出す必要があります。神さまは批判的な言葉を聞くことはできませんが、祝福と愛に満ちた言葉や祈りは聞くことができます。

兄弟たち。あなたがたは、自由を与えられるために召されたのです。ただ、その自由を肉の働く機会としないで、愛をもって互いに仕えなさい。（ガラテヤ五・13）

この希望は失望に終わることがありません。なぜなら、私たちに与えられた聖霊によって、神の愛が私たちの心に注がれているからです。（ローマ五・5）

私たちの霊の内には、たくさんの愛があります。私たちはそれを深めるべきです。与えられている愛を用いるにつれ、神の愛の目で人を見ることができるようになります。そうすれば死の言葉を語ったり祈ったりする代わりに、いのちと愛の言葉を語り祈るようになります。

今、立ち止まって心を静め、神さまの愛を感じてください。その愛は私たちを自由にし、恐れを消し去ります。その愛は、他の人を愛する自由を私たちにもたらしてくれます。

警告

私たちは東部のある教会を訪問するために旅をしていました。その教会で持たれた集会で、主人に知識の言葉が与えられました。死産または流産をした女性に関するものです。祈りを求めて数名の女性が立ち上がりました。私は立ち上がった人数が多すぎると思っていました。その日の昼食のとき、私はその教会の牧師夫人の隣りに座っていました。私は、教会の人に起きた流産や死産について夫人に尋ねてみました。牧師夫人が状況を説明していたとき、私はその教会のとりなし手の様子について尋ねる必要があると強く感じました。私は、時としてとりなし手は、神さまが導いていない霊の戦いに踏み込んでしまう場合があることを牧師夫人に説明しました。夫人が言うには、しばらく前にその教会では、外部のとりなしグループに協力して、「魔女の山」と呼ばれている山に登ったことがあったそうです。自分たちがやるべきことかどうか疑いがあったけれども、とにかく参加したとのことでした。

その教会のとりなしチームが祈っていた祈りについて牧師夫人の説明を聴いていたとき、私には何が問題だったのか見当が付きました。主は、彼女たちがしたことは、神の導きではなかったと私に示してくださいました。彼女たちは、主が遣わしていない霊の領域に踏み込んでしまったのです。その結果、守りを受けることができませんでした。死産（または流産）が起きたのはそのためでした。

そこで夫と私は、その晩の集会でなすべき計画を考えました。その教会に対する呪いを断ち切るために、不妊症や流産、死産の経験のある女性をみな会場の前のほうに招きました。その夜、女性ばかりの長蛇の列ができました。ビルと私はひとりひとりのためにかなり時間をかけて祈りました。ある若い姉妹の順番が来たとき、彼女が私に耳打ちしました。「私たった今、妊娠しているこことがわかったんです」。私は神さまが「これは癒しの初穂だ」とおっしゃったように感じました。

とりなし手である私たちは、神さまのみこころに対して注意深く敏感でなければなりません。悪魔を恐れる必要はまったくありませんが、自分勝手に悪魔と戦ってはいけないのです。もし私たちが神さまの導きと力を受けるなら、常に進展と勝利があります。もしみなさんが自分の霊において躊躇を感じる場合は、その声に従ってください。そして主を待ち望んでください。私も、前向きな思いで祈るために、間を置いたことが何度かありました。そして神さまは、「今はダメだ」とか「その祈りはしてはいけない」と耳打ちしてくださいました。それは恐れることではありませんし、とりなしの奉仕を止めることでもありません。ただ私たちは賢く振る舞い、聞き耳を立てて聖霊の働きに敏感になる必要があるのです。神の恵みはとても豊かで、寛容で力強いですから、たとえ私たちが間違ったとしても、悔い改めて立ち直り、前進し続ければよいのです。

このような時代にあって

歴史を通して、神さまは大義のためにいのちを捧げる神の兵士を起こしてきました。このような時代にあって、神さまは幾度あなたを覚醒し、ご自身に近づけてくださったことでしょう。あなたには必ずしも理由がわからないかもしれませんが、あなたは神さまの兵士になるべきです。とりなし手よ、立ち上がりなさい。主があなたにどれほど期待しておられるかを覚えなさい。そして神の豊かさの中に飛び込むのです。

注

1　レニー・クーパー、ベテル教会アートととりなし部門リーダー。許可を得て引用。

2　詳細については、カリフォルニア州レディング市ベテル教会のエリック・ジョンソン牧師にお尋ねください。

3　ベテル教会とりなしの祈り部門リーダー、マーラ・ボーム氏のノートより抜粋。

第十一章　神秘的な体験と瞑想の祈り

「真の瞑想者は特異な体験は求めません。瞑想者が腐心する目的は神との親密さです。」

ノリッチのジュリアン（訳注）

神よ。あなたの道は聖です。（詩篇七七・13）

本章は古今の神秘主義者や瞑想者、三位一体なるお方との深い交わりの中を生きてきた方々に捧げるものです。神秘主義者たちは、彼らの霊的交わりを「至上の喜び」（恍惚状態）と呼んでいます。私の願いは、本章を読み進む中で、みなさんが神の深みと呼ばれている「至上の喜び」を体験し、神の水がみなさんの上に注がれることです。

私は神秘主義に魅力を感じ、力を尽くして学んできました。私にとって神秘主義者とは、全存在を注いで神の心という唯一の眼目を追い求める人たちを指します。彼らが一般のクリスチャンと異なっている点は、神を余すことなく知りたいという唯一の願いを持っていることです。

神との正しい関係の中を歩み、いかなる犠牲が伴おうとも神を知ることに全身全霊を尽くす人たちです。彼らは名声や栄誉やこの世的な願望は求めません。むしろ、天の鼓動を聞くために全生涯を捧げることを選んだのです。神を常に心に留め、目の前にあるもので満足せず、もっと見たいと願い、この世の現実を超越して霊の世界を見通す人たちです。

彼らにとって、神さまは何よりも現実的な存在です。神さまこそすべてです。彼らは霊の世界とこの世の関係を理解しています。言い換えると、天がいかにして地上に侵入し、その侵入がどこで起きているか分かっています。彼らは天と地のあらゆる接点を捉え、それらを繋げることによってその意味を説明することができます。また、霊の世界を見通し、地上で起きていることをわかりやすく説明することができ、この点において天の侵入に貢献しています。

神秘主義者にとって霊の世界は安全な場所です。何故なら、霊の世界は地上よりも現実的である場合が多いからです。事実、多くが、天を体験することによって成長します。

彼らには様々な形態があります。そのひとつは「穴居人《けっきょじん》」です。隠遁生活《いんとんせいかつ》をしていた「荒野の教父」たちは穴居人だったと考えられています。穴居人は神と一対一になることを好み、可能であればすべての時間を神とのみ過ごすことを願いとします。昔、旅行中にある若者と出会ったのですが、私は直感的に彼が穴居人だとわかりました。尋ねてみたところ、やはり彼は穴居人でした。彼が穴居人であることが具体的にどのようにしてわかったのかを言葉で説明するのは困難ですが、彼の眼差しや顔つき、彼の持つ霊的な雰囲気などでわかりました。あの若者も神さまと一対一で過ごすのが好きなはずです。彼は神の友であるに違いありません。

もうひとつのタイプは先見者です。先見者とは、霊の世界を見抜くことができ、自分たちが霊的にどのような時代や時期を歩んでいるかを理解している人です。先見者の実例はボブ・ジョーンズです。ボブ・ジョーンズは先見者タイプの預言者です。

神との繋がり

私は、自分が神さまと完全に繋がっていると感じるときがあります。その状態にあるときは、瞬間的に心の平安が来るのでわかります。その状態にあると、まるで悟りが開けたように感じられ、瞬時にして「霊的に研ぎ澄まされた状態」になります。その状態にあるとき、神のものとしか表現できない平安と暖かさを感じます。それはあたかも自分の霊、魂、肉体が、「ホォ〜ッ」と、ため息をもらしているかのようです。その感覚は、地上のものでは例えることのできない、混じり気のない至上の喜びです。

私は神の臨在の中で長い時間を過ごしてきました。そのため臨在に入るコツを知っており、神さまと繋がることが以前よりも容易になりました。また神さまとの繋がりを養ってきたため、神さまに意識を向けるだけですぐに臨在を感じることができるようになりました。

私は神と繋がっているときの感覚を知っているので、逆にその繋がりが途切れてしまったときの感覚もよく知っています。神と繋がっていないときはご臨在を感じることができなくなるので、心もとない感じになります。この感覚をわかりやすく説明します。突然、何もかもがしっくり行かなくなります。一旦そうなってしまうと、すべてを元の状態に戻すには、神さまと繋がり直し、ご臨在を取り戻すしかありません。そうすることによって、初めて物事が本来の状態に落ち着き、「調和」を取り戻すことができるのです。

私が神さまと繋がっていない状態を別の形で説明します。外部の影響を受け入れてしまうことによって心が真の現実から逸れてしまい、それが感情や内なる人や決断に反映してしまう状態です。「**私たちは、見えるものにではなく、見えないものにこそ目を留めます。見えるものは一時的であり、見えないものはいつまでも続くからです**」（第二コリント四・18）。

私たちが神さまと繋がっているときは、神さまがともにおられることがいつもはっきりしています。そういうときは、自分がどこにいて何をしていようと、神さまの臨在を感じることができます。神さまと繋がっているときは、車を運転していても、散歩をしていても、孫と遊んでいても、神さまがともにおられるというはっきりした思いがあります。私はご臨在の中で神さまとの長時間の交わりを持ってきたので、すぐに神さまと繋がることができるようになりました。

神秘主義者は超自然的な普通の人

私にとって、神秘主義者とはごく当たり前の人です。神の臨在に夢中になっている普通の人に過ぎません。彼らは、神さまとの交わりを楽しみ、秘密の場所に出入りする術を知っている普通の人たちです。

以前私は、神秘主義者とは、隠遁して神さまと過ごしている人、自らを他人や世間と隔絶している人のことだと思っていました。しかし、彼らの多くが、ずっと隠遁したままでいるわけではないことを知りました。実際、多くはこの世で生活し、世間に接触していたのです。

聖パトリックと聖コルンバの二人は、周囲の人々に神の国のインパクトをもたらそうとした代表的な神秘主義者です。この二人は、しるしと不思議を行う偉大な伝道者でした。彼らの生涯の目的は天の鼓動を聞くことでしたが、二人は地上に天の御国をもたらすことを選びました。彼らは父なる神の心に触れる術を知っていましたが、世に出て行って仕えました。今は昔のことになりましたが、あの二人に両方できたのなら私にもできるはずだと思い、私もそうすることにしたのです。

私が現代の神秘主義者と評する人たちは、極めて普通の生活を営んでいます。こんにちの代表的な神秘主義者の中には、多くの時間を霊の世界で過ごしながら社会で活躍している人たちもいます。その人たちは、秘密の場所で生気を養っているのです。彼らにとって一番大切なのは神の御顔を慕い求めることです。彼らが熱い思いで求めているのは神のみこころを知ることであり、神の御声を聞くことです。彼らは天の鼓動を聞くことに飢え乾いています。天との繋がりがなければ、彼らは調和を失ってしまうのです。

神秘主義者は、あなたや私と何一つ変わらない人たちです。彼らは神さまを求めることに生涯を捧げたごく普通の人たちです。彼らは神を型にはめません。彼らは心を尽くして神を求め、神の前に行って「神さま、私の願いはただあなただけです。たとえ人が私のことを何と言おうと、如何なる犠牲が伴おうと、私はあなたがもっと欲しいのです」と言う人たちです。彼らの心の叫びはこうです。「私からこの世界を取り去っても構いません。その代わりあなたをください。」

聖書の人物としては、ダビデ王が神秘主義者でした。ダビデは全盛期を迎える前に多くの功績を上げました。例えば礼拝を万民に公開しました。神の幕屋を民衆に開放し、誰もが神と過ごせるようにしました。礼拝を一般公開して、誰にでも手が届くようにしたのです。

神と人の両方と正しい関係を維持している神秘主義者は、他者も霊の世界で自分と同じ体験ができるよう、無理なく門戸を開きます。詩篇二七章・四節でダビデが「私は一つのことを主に願った。私はそれを求めている。私のいのちの日の限り、主の家に住むことを。主の麗しさを仰ぎ見、その宮で、思いにふける、そのために」と言っている中に、それを見ることができます。

　ダビデの生涯からはとても多くのことを学ぶことができます。聖書を読むとダビデが多くの過ちを犯したこともわかります。にもかかわらずパウロは、使徒一三章・二十二節で旧約聖書からダビデに関して次のような箇所を引用しました。「わたしはエッサイの子ダビデを見いだした。彼はわたしの心にかなった者で、わたしのこころを余すところなく実行する。」

　ダビデは神の心にかなった者でした。彼は主と主のご臨在を慕い求め、神の心を深く知ることに飢え渇いていました。ダビデはただの人間でしたが、神を慕う心を持っていたのです。ダビデの心には神秘主義者になくてはならないものがありました。ダビデが書いた詩篇の記述の中にそれを見ることができます。彼は自分の創造者とひとつになること、また、自分の神に理解してもらうことを熱く慕い求めていました。神とひとつになる。これこそ神秘主義者の心の叫びです。

一体化

　秘密の場所で神さまと一対一で過ごすとき、私はご臨在に包まれ、他のあらゆる願望はまったく無価値なものになります。ご臨在に心を奪われると、私は主のみこころに降伏し、自分の願いと主の願いが一体化します。ご臨在に圧倒され、主の素晴らしさに我を忘れ、主の愛の虜になります。その状態にあるときは、喜びと平安と愛と受容感で満たされ、神さまとひとつになります。そして様々な神秘体験に「夢中に」なるのです。

神秘体験

神さまは、私たちが神の世界と神の国を知ることを望んでいます。また、私たちが神に関する事柄を余すことなく知るようになり、神ご自身を深く知るようになることを願っておられます。私たちが奥義を知るようになることを願っておられ、その御旨を私たちと分かち合いたいと思っておられます。実は神秘体験とは、こういった事柄を体験することなのです。神秘体験は私たちの肉の知性では理解するのが困難です。たとえ天から奥義を囁かれたところで、まるで別世界の出来事のように思えてしまうからです。

数年前、日曜礼拝の中で天に触れられたことがありました。それは神秘体験と言えるものです。この体験をしている間、主は私を幻の中に連れて行きました。幻の中で私は美しい山の背に向かって歩き出しました。尾根の向こうには柔らかな光が見えます。その尾根に向かって歩き出すと、右側の遥か遠くに広大な渓谷があり、そこにイエスさまが座っているのが見えました。その谷をよく見てみると、それはどこまでも延々と続いていて、果てがないかのようでした。

谷の中には何千人もの人々が立っていました。まるで死人が歩いているような感じです。人の姿をしていますが内側は空っぽでした。おかしなことに、その人たちはみなスーツケースを持っています。見ていると、あの尾根の上にひとりずつ登っていきます。最初の人が尾根に上がってきて私の正面に立ちました。その人たちは酷く何かを欲しているようでした。彼らは内側においては死んでいる状態でした。人々には助けてくれる人が必要ですが、同時に自分自身はその必要性に気づいていませんでした。

私は遠くにいるイエスさまに目を向けましたが、なぜか助けに行こうとしていません。私とイエスさまの間には言葉による意思の疎通はありませんでしたが、互いの霊で意思が伝わりました。私がイエスさまを見守っていると、主の背後から聖霊が飛んできました。聖霊は人の姿はしておらず、青白いエネルギー体でした。どの方向に飛んで行くときも、その不思議なエネルギー体で移動していました。聖霊は私の正面に立っていた死人の男性のところにやって来て、彼の周囲を飛び回り始めました。その瞬間イエスさまが私に意思を伝えてきて、男性を助けるのは私の役目だと言いました。

彼のスーツケースの中に入っていたのは、助けを求めるための鍵でした。私は手を差し伸べてスーツケースを開き、衣服を取り出しました。その衣服は霊の衣服でした。その霊の衣服は、彼の人生の目的であり、彼に与えられた賜物であり、彼の本来の人間像でした。私がその人に衣服を着せ始めると聖霊は彼の周囲を飛び回り、男性を整えていきました。私が霊の服を着せると男性は彼本来の姿に変わり、死は彼から去っていきました。すると彼の霊がいのちを授かりましたが、幻はそこで終わりました。

この幻を通して私はいろいろな思いを持ちましたが、一番強く印象に残ったのは、私が、光でありエネルギーでもある聖霊のパートナーとして奉仕をしたことです。

私は何度もこの幻について考えました。この幻の中でイエスさまが何もしなかった理由が、今はわかります。すでに十字架ですべてが完了していたからです。聖霊が来たのは、私たちの助手として遣わされたからです。私はその幻を通して知ったことは、聖霊がワイルドで天のエネルギーで満ちたお方であるということです。聖霊は一度も動きを止めることがなく、休みなく動き続けておられました。私はこの幻に感謝しています。なぜなら、この幻のお陰で三位一体に関する理解が深まったからです。神さまが私たちに幻や夢を与えてくださるのは、私たちに神の世界に関する教えや啓示を与え、私たちが御霊の世界を深く理解するためです。「**わたしは秘められている財宝と、ひそかな所の隠された宝をあなたに与える。それは、わたしが主であり、あなたの名を呼ぶ者、イスラエルの神であることをあなたが知るためだ。**」（イザヤ四五・3）

壁を崩せ

主と親しくすることを恐れる人たちがいます。そういう人たちは神さまが良いお方だとは思わず、自分たちを守ってくださるとも思っていません。そして神に関する事柄と霊の世界を恐れます。その結果、その方々は神さまに対して壁を設けます。でも神さまが本当に良きお方だと信じるようになると、その人たちにとって神さまは天のお父様となり、様々な恐れを追い払うことができます。そして新たに御霊の世界に飛び込むことができ、神さまの慈しみを思う存分体験し始めるのです。

様々なタイプの祈り

祈りには様々なタイプがあり、様々な祈り方があります。私は子供の頃からずっと、祈るときには言葉を使わなければならないと思っていました。祈りの形はひとつだけだと思ってきました、実はたくさんの祈りの形があります。今は祈るときにまったく言葉を使わないことがよくあります。そういうとき、主が今までとは違うタイプの祈りを体験させてくださることがあります。祈り方が変わるのです。そういう体験を求めているわけではありませんが、そうなってしまうことがあります。そういった祈りの中には陣痛の祈り、抱卵の祈り、至上の喜びの祈り、瞑想の祈りなどがあります。

陣痛の祈り

祈りには様々なタイプがありますが、そのひとつは陣痛の祈りです。陣痛の祈りとは、「産みの苦しみ」をする祈りです。陣痛の祈りの模範は、ゲッセマネの園でのイエスさまの祈りです。ルカ二十二章・四四節には、「イエスは、苦しみもだえて、いよいよ切に祈られた。汗が血のしずくのように地に落ちた」とあります。陣痛はいのちを産み出す苦しみです。陣痛の祈りは、内なる人が発する深いうめきの祈りです。霊の世界で起きていることが、肉体的な行為として現れる場合があります。その場合、この肉体的行為は預言的な意味合いを持ちます。その肉体的行為は、祈りを引き起こした原因を解決する行為になるのです。

陣痛の説明をするには、具体例を挙げるとわかりやすいかもしれません。ある晩、教会にいたビルと私は、ある若い姉妹が試練を通っていることを知りました。そのときその姉妹は、癌の告知を受けた男性と交際していました。若い姉妹は私たちのところに来て泣きじゃくり始めました。私には、彼女が間もなく陣痛の祈りに入ることがわかりました。彼女の性格からして、自分の意志でそれを選んだのではないことははっきりしていました。私はこれから彼女に起ころうとしていることを説明し、彼女が産みの苦しみの中にいることを伝えました。私は全行程を通して彼女とともに祈り、礼拝が終わるまで彼女に陣痛を通らせました。私が傍らに腰掛けていると、彼女からは深いうめきが溢れてきました。

しばらくして、私は彼女が陣痛から解放されるべき時が来たことがわかったので、祈りの重荷を神さまにお返しするように言いました。祈りの重荷をお返しするや否や、彼女が自由になったことは見てわかりました。若い姉妹は、旗を持って演壇に上がって行ってもいいかと私に尋ねてきました。彼女の性格からは考えられないことでしたので、神さまが導いていることだとわかりました。彼女は演壇に上がり、旗を振って礼拝を捧げました。彼女がそうしたとき、私は彼女が解放されたことを実感しました。解放の証としてそうする必要があったことを理解しました。霊の世界で起きたことの証として、目に見える行為で現わしたのです。もはや彼女のうちには陣痛も霊的重圧感も残っていませんでした。姉妹はそれを解き放ち、神さまに捧げたのです。

陣痛の実例をもうひとつ挙げましょう。数年前、ジェームス・ゴールという巡回伝道者が、ベテル教会のカンファランスに来ていました。ジェームスは私のところに来て、私が涙のとりなし手だというのです。そのときの私にとって彼の言葉は、霊の渇きを癒す水のようでした。ジェームスの指摘は的を射ていました。その頃私は、陣痛の中で泣いてばかりで、神さまに「どうして私はこんなふうに泣いてばかりいるのでしょうか」と尋ねていた矢先だったのです。神さまを感じる方法は人それぞれです。時には神さまを感じたときの感情が、肉体面に現れることもあります。普通私は、神さまを感じると泣きます。それは嬉し泣きです。主の喜びを感じて泣くのです。また時には、神さまの強いご臨在や願い、世に対する愛を感じて泣くこともあります。世に向けられた主の愛を感じたときは、とても強い迫りが来て、毎回初心に帰らされます。神の愛は広大で偉大で、言葉では言い表せません。

女性が霊的な陣痛の中にあると、本当のお産のような症状が出る場合があります。九〇年代後半はキリスト教会全体の霊的雰囲気が大きく変化した時期でした。私はその頃、陣痛の祈りの中に入る人をたくさん見ました。私はその人たちの痛みをすべて感じることができました。神さまがなしていることを見たり感じたりできて、とても素晴らしい体験でした。その主の働きは、人々を霊の世界に投げ入れるようなものでした。

その頃私たちの教会では、一週間にいくつかの祈祷会を持っていました。その中には陣痛や大きな喜びを伴う集会がいくつもありました。教会の人たちも霊の世界で起きていることを感じることができました。私や主人がすべての出来事を把握していたかどうかはわかりませんが、神さまが本当に大きなことをしておられたことは確かでした。その頃の集会では、霊的陣痛を身体で表現する預言的行為が何回も起こりました。まるで祈りを通して教会員たちが主のみわざを霊的に出産しているかのように見えました。その時期、教会が「正念場」にあったと言ってもいいと思います。日曜礼拝で、霊的陣痛の兆候として私たちとりなし手の何人かが、まるで陣痛のときのようにお腹を抱えて体をくの字に折り曲げ始めたこともありました。

その時期、私たちは何時間も一緒に泣いたり笑っていたりしていました。それが数年後に迎える神さまの働きの備えであるとは、そのときは知る由もありませんでした。何かの備えだろうという感覚はありましたが、具体的なことまではわかりませんでした。

陣痛は霊における深いうめきです。私たちの内側にあるすべてがうめきで爆発している状態ですが、それは言葉では上手く言い表せません。陣痛は、人の一番奥にあるものを揺さぶります。

あなたの大滝のとどろきに、淵が淵を呼び起こし、あなたの波、あなたの大波は、みな私の上を越えて行きました。（詩篇四二・7）

この御言葉を思い巡らしてみてください。滝のような神の声があなたを深い所に招いています。神の波が次々にあなたの上を越えて行きます。もしこのようなことが起これば、あなたはうろたえるでしょう。神さまのせいで、あなたは完全に混乱することになります。神さまを求めて、大声で泣き叫ばなければならなくなるでしょう。

残念ながらある方々は、主が陣痛に招いた後に、陣痛の状態に長く留まり続けてしまいます。注意を怠ると陣痛の感覚を長く持ち続け過ぎて、それがいつの間にか肉の感情になってしまうことがあります。そうなるとその陣痛の感覚は、もはや単なる悲しみになってしまうのです。どれほど多くのとりなし手がこの世の悲しみに捕えられ、疲れ切ってしまったことでしょう。

私たちは、悪魔がフェアプレーをしないことを肝に銘じておかなければなりません。悪魔は油注がれた時間さえも、歪曲して落胆に変えてしまうのです。それはその人が悲しみをいつまでも持ち続けたためです。つまり、御霊によって生み出されたものでも、私たちの不注意によって肉的なものになってしまうということです。

抱卵の祈り

聖霊が、特定の事柄に関して祈りの重荷を与えることがあります。その場合、いつまでもその事柄が頭から離れません。それが「抱卵」です。抱卵はひとつの祈りの形態で、私たちは（雌鳥が卵の上に伏せるように）その祈りの課題の上に「伏せている」、あるいはそれについて「思い巡らしている」状態です。

ある日、私のところにひとりの姉妹がやって来て、刑務所にいる息子のために祈ってほしいと頼まれました。そのとき私はこの祈りの手段を用いようと思い立ちました。彼女の息子さんには神さまが必要でした。そこで私はお母さんに、聖霊による抱卵について話しました。私たちは祈り、聖霊に来ていただき抱卵していただいて、息子さんに触れ、いのちをもたらしてほしいとお願いしました。その直後その姉妹がまた戻ってきて、息子さんが主を受け入れたと言ったのです。私は心の中で、「こんなに早く?」と驚いたことを覚えています。そこで私は、親御さんが子供に関する祈りの課題を持ってきたときには、いつもこの祈り方を用いるようになりました。

あるとき私のところに、ひとりのお父さんが来ました。娘さんが下した人生の決断のゆえに、心を痛めていました。娘さんは神さまから離れてしまったのです。私たちは祈りました。聖霊に来ていただき娘さんを抱卵してもらい、彼女が聖霊の臨在を感じるようにしていただいたのです。お父さんは次の週に私のところに再び来られ、素晴らしい報告をしてくださいました。祈りの一週間後、お父さんは娘さんと会い、一緒に散歩をしたそうです。すると娘さんが心を開き、話し始めました。「お父さんが何をしたか知らないけど、私、今週ずっと神さまを感じ続けてるの。まるですぐ隣りにいるみたいに。」

地は茫漠として何もなかった。やみが大水の上にあり、神の霊が水の上を動いていた。

（創世記一・2）

空虚なもの（茫漠としたもの）に聖霊が働くと、結果としていのちが与えられます。抱卵の祈りをしているとき、私たちはとても深く祈りに集中しますが、それは天が祈りに答えようとしていることを意味しているのです。

抱卵の祈りは、言うなれば祈りの課題を「翼の陰に」置き、胸（心）で温め、ふ化するまで祈るということです。ダッチ・シーツは著書「天地を揺るがす祈り」の中で、創世記一章・二節の「神の霊が水の上を動いていた」という箇所について、素晴らしい解釈を展開しています[注1]。「〜の上を動く」という言葉は創造の意味を持つ言葉で、「覆う」「動く」または「(胸に) 抱く」という意味があります。聖霊がそのように行動するとき、茫漠として何もないところにいのちが生み出されたと書かれています。「動く」という言葉は、雌鳥が雛を抱くときに使われる言葉なのです。

雛鳥

抱卵の祈りを説明するために、ひとつのお話をしたいと思います。何年も前のことですが、うちの子供たちがまだ小さかった頃、ひよこを飼うことにしました。とても楽しい想い出です。子供たちと私は卵がいくつ生まれているか楽しみで、卵を集めるために檻《おり》まで走って行く毎日でした。ある朝私が見てみると、雌鳥が一羽、卵の上に伏せていました。それから毎朝、私たちは巣の中を覗き、ふ化の行程を観察するようになりました。ひよこが生まれるのを、それは楽しみに待ち望みました。ある冬の朝、私が檻の中に入るとお母さん鳥が立ち上がり、翼の中から二羽の小さなひよこがこぼれ落ちました。ついに生まれたのです。

とても可愛らしいひよこたちでした。私は祈るとき、そのときの光景をよく思い出します。とりなしの祈りをするときに私たちがしていることも、それと同じです。私たちは、霊的ないのちをもたらす祈りの課題のために抱卵しているのです。お母さん鳥が抱卵していたときは、卵は一度も見えませんでした。翼に隠れていたからです。そこは秘密の場所でした。雌鳥は力の限り雛を守っていたのです。ふ化するまでの抱卵の期間がどれほど待ち遠しいか、お分かりいただけるでしょうか。そうです。抱卵には、努力と忍耐が必要です。でも必ず答えられるとわかっているので、楽しみでもあります。あのお母さん鳥も、伏せて待ち望みました。私たちも同じです。私たちも待ち望み、守り、いのちの誕生のために霊的な雰囲気を作り出します。これほどの喜びはありません！

因果関係

私の友人が私のところに来て、私が三つのことのために祈っているのを見たと言っていました。彼女が見たのは、雌鳥が卵を温めている場面です。友人がその話をしたとき、その三つの祈りの課題が何であるか思い出すことができました。私は祈りの中で、いのちと祈りの答えをもたらす、あるものを生み出していたのです。そのあるものとは、因果関係です。物事の考え方や目的そして手段は、因果関係において相互に作用しています。つまり因果関係は物事の達成度に現れるということです。わかりやすく言うと、祈るべき人が祈るべきタイミングで祈るときに、はじめて祈りの答えが得られるということです。とりなし手は、神の導きを感じながらとりなすことがよくあります。そして実際、とりなし手の祈りを通していのちが生まれて来るのです。

聖霊が私たちに、祈りの課題を「抱卵」させる場合があります。私の場合、「抱卵」が導かれるのは、もっぱら地球規模の課題です。抱卵が導かれると、神さまは少しずつ祈りの戦略を示してくださり、祈りの答えが来るまで私はその課題を抱卵し続けます。卵がふ化すると、私にはそれがわかります。なぜなら祈りに対する答えが来るからです。例えば、私が抱卵し続けてきた祈りの答えをニュース番組や世間話の中で聞くことがあります。抱卵しているとき、私は祈りが答えられているかどうかに必ず注意を払っています。神さまは何らかの形で必ず祈りの答えを示してくださるので、私は常に期待しているのです。

呼吸の祈り

祈り手の内なる人から出て来ると思われる祈りもあります。私はそれを「呼吸の祈り」と呼んでいます。呼吸の祈りは長く続く祈りではありませんが、霊感を受けた祈りです。神さまの臨在に浸ったときに、呼吸の祈りを体験することがよくあります。呼吸の祈りは私の奥深いところから湧き出して来る祈りで、自分自身の思いは取り去るよう導かれます。多くの場合、言葉では祈りません。ただ神さまの思いを吸い込み、祈りを吐き出します。

天との隔たりが薄い場所

天と地の隔たりが薄い場所があります。そこでは、容易に霊の世界を体験することができます。霊的に敏感な人や霊的に斬新な発想をする人たちが多く集まっている場合、そこは隔たりが薄い場所であると言えます。実例として知られる場所に、アリゾナ州セドナ、オレゴン州アシュランド、そしてアイルランドのいろいろな地域があります。瞑想の祈りをしていると、その祈りがなされている周辺で霊的雰囲気が変化し、天と地の隔たりがなくなることに気づくはずです。

ある日私と友人は水辺で祈るため、そこへ向かう山道を歩いていました。私たちが祈りながら歩いていると、二人とも同時に隔たりの薄い場所に遭遇しました。私たちは立ち止まり、「ねぇ、感じるでしょ」と言いました。私と友人は、この世と天がぶつかっている場所に遭遇したのです。そこに突入したことによって私たちは御霊に深く酔いしれ、山道を下って行くことができないほどでした。

魂の闇夜

人生には、本当に厳しい状況を通らなければならない場合があります。そのとき私たちには二つの選択肢があります。神さまから逃げ出すか、神さまのところに逃げるかです。私は、神さまのところに逃げることが唯一の正しい答えであることを学びました。「魂の闇夜」の中を歩んでいるときは、神さまは私たちの心がボロボロになることをお許しになります。それによって私たちがすべてを主に明け渡すようになるためです。私たちが主に服従し、すべてを明け渡すと、心に平安が宿ります。それはまるで、私たちの心に癒しの油が注がれて来るかのようです。平安の甘い香りが心の傷みを取り去ってくれます。

また、大きな産みの苦しみの中に置かれる場合もあるでしょう。そういうときは、陣痛の重圧が死にそうになるくらい重くのしかかります。このようなときこそ私たちは神さまに思い切り近づき、重荷を繰り返し委ねる必要があります。魂の闇夜を主に差し出すのです。この世はクリスチャンの悲しみなど必要としていません。彼らに必要なのは喜びだからです。

至上の喜び（恍惚状態）

「至上の喜び」を定義づけすると、祈りの中で一時的に意識が遠のき、驚くほど深い主の臨在に入っている状態と言えます。

私は時々、「神さま、あなたとひとつにならせてください」と、ひたすら求めることがあります。そのときは、神さまを知り、神さまに知っていただくことだけが、唯一私の心の願いとなります。そのような状態にあるとき、私は主にある恍惚の中に入り込むことがあります。時の流れを忘れたようになり、神さまの臨在に没頭します。神の恵みに酔いしれるあまり、身体が存在するという感覚が消滅します。それは、魂が完全に主に埋没した状態であり、主に完全に受け取っていただいている状態です。その状態にあるとき、私は主と一体になります。

この状態にしばしば入り込んでいた神秘主義者として、アビラの聖テレサがいます。アビラのテレサ（一五一五年～一五八二年）はスペインの神秘主義者であり、神との合一（一体化）や瞑想の祈りを扱った不朽の名作「霊魂の城」の著者です（著書は他にもあります）。左記は彼女が体験した神との合一の描写です。

『これから述べる幻を私が幾度となく見たことは、主のみこころでした。私のすぐ左側にひとりの天使が見えました。この天使は肉体の姿をしていました。私は肉体の姿をとった天使を見ることには慣れていません。例外を除き、ほとんど見たことがないからです。（中略）ですから私がこの幻の中でそのような姿をした天使を見たことは、主のみこころだったのです。天使は長身ではなく小柄でした。容姿は驚くほど端麗で、顔はまるで最上位の天使のように輝いており、全身が燃えているように見えました。最上位の天使は、私たちがセラフィムと呼んでいる天使に違いありません。（中略）その天使の手の中に、長い金色の槍《やり》が見えました。鉄でできた矢尻の先端には、小さな炎のようなものがありました。この槍で天使が私の心臓を何度も突き刺すのが見えました。槍は内臓にまで達しました。天使が槍を引き抜くとき、内臓まで一緒に引き抜いているようでした。私は、神への凄まじい愛とともに、炎の上に取り残されていました。痛みが余りにも酷いため、私は幾度もうめきます。しかし同時に、この激痛が余りにも甘美であるため、取り去ってほしいと願うことなどできませんでした。なぜなら、神以外のもので魂を満足させることは不可能だからです注2。』

瞑想の祈り

「瞑想の祈り」とは人の霊と神の霊との間で交わされる内なる祈りで、神について黙想する祈りです。あるいは、神に意識を向けることがすなわち瞑想の祈りであると定義してもよいでしょう。本章ではすでに様々な祈りを紹介していますが、それらは瞑想の祈りに属します。瞑想の祈りをしているとき、私は神さまの臨在を意識しています。

神の前で静まるとき、私は瞑想の祈りの中に入って行きます。まず主を崇めることから始まり、ひたすら神さまの恵み深さを想います。そうしているうちに我を忘れ、神さまに没頭します。無理強いや、努力をしても瞑想の祈りに入ることはできません。ただ主の臨在に身を委ねるだけです。

『聖書朗読は探し求めること。黙想は（意味を）見出すこと。祈りは要求すること。瞑想は（神を）味わうこと。聖書朗読は堅い食物を備え、黙想は咀嚼《そしゃく》する。祈りは味わうこと。瞑想は生気をもたらす甘美。聖書朗読は外観的だが、黙想は内なる実体に至る。祈りは願望を動機として要求し、瞑想は喜びから生れる。』

アビラのテレサ

瞑想するときは、神さまの偉大さなど神に関する聖句や単語を選び出し、それを黙想し始める人もいます。そうする方々は静まることによって神さまを意識し始め、自分の中にあるご臨在を意識し始めます。この状態になると、もはや言葉は重要ではなくなります。その状態は、すでに御霊によって意思のやり取りをする段階だからです。この状態から天を体験し始める人が大勢います。

黙想

キリスト教の正式な黙想は、修道生活が始まった初期の頃に行われた聖書の熟読を皮切りに始まりました。修道士たちは聖書を読みながら、ひとつひとつの聖句の意味を熟考しました。彼らの黙想は、このような聖書の熟読と意味の熟考でした。この霊的な行為は、「レクチオ・ディビナ」あるいは「聖なる読書」と呼ばれています。

聖句の黙想の結果として、修道士たちは自然と祈りの中に入って行くこともあります。そしてその祈りが、今度はひたすら神に思いを向ける愛の行為に移行するのです。神に対するこの無言の愛の行為を、彼らは瞑想と呼んでいます。

聖書朗読に始まり、黙想、祈り、そして神を愛しむ瞑想という一連の行程は、グィーゴー二世によって初めて正式に明文化されました。カルトジオ会の修道士で、十二世紀のグランド・シャルトリューズの修道院長であったグィーゴー二世は、これら四段階の祈りの「はしご」をラテン語でレクチオ、メディタチオ、オラチオ、コンテンプラチオと呼びました。注4

これらの人々全員に共通する点があります。それは、神さまを慕い求める、燃えるような情熱です。私たちは「神との世界」に入ることを恐れてはなりません。それは悪魔的なものではないかと恐れてはなりません。キリスト教会においては、長年にわたり黙想はカルト的行為だと誤解されてきました。よく聴いてください。カルト的行為の多くは、本物を歪曲したものです。多くのカルトにおいて行われている黙想は、頭の中を無にする修行です。カルトではそれを黙想と呼んでいます。クリスチャンである私たちが神さまを黙想する場合、実際のところ、神さまの不思議さと偉大さによって頭を一杯にするのです。

恐れかしこんで、主の前に立ちなさい。　また、主に罪を犯してはいけません。　寝床で、静かに思いめぐらしなさい。（詩篇四・4、リビングバイブル）

もうみなさんには、三位一体なるお方と親密な関係を持つことが、とりなし手にとって不可欠であることがお分かりいただけたと思います。私たちには、父なる神と子なる神と聖霊なる神を知ることが必要です。義であるとは、三位一体なる神さまと正しい関係にあることです。聖書は、義人による効果的で熱心な祈りには大きな力があると教えています（ヤコブ五・16参照）。メッセージ・バイブルにはこう書かれています。「神の前に正しい生活をしている人の祈りは大いに考慮される」（英語聖句直訳）。私たちに求められることは、三位一体の神さまとの関係を持ち続けることと、天の臨在の飽くなき探求です。私たちは神格を体験しなければなりません。

主にあって我を忘れよ

本書で述べられていることはすべて、神さまとともに時間を過ごすというひとつのことに要約できます。私たちはみな、神さまによってしか満たされ得ない部分を持っています。それは私たちが天の父と交わる奥まった場所です。その場所に至るためには、私たちは魂を静め、神さまを直感しなければなりません。

今夜あなたが床につくとき、今日一日のすべての出来事を頭の中から振るい落としてください。そして神さまのことを考えてください。神さまの慈しみ深さを思い巡らしましょう。神さまについて述べている聖書の一節、またはひとつの語句を選び、あなたの霊で神さまの霊と繋がってください。時間をとり、主の前に静まりましょう。言葉を語る必要はありません。「セラ」という言葉の意味として考えられていることのひとつは「沈思黙考」です。神に関する事柄を沈思黙考してください。これを実践するにつれ、あなたは我を忘れ、主のご臨在に包まれるでしょう。そして神さまの世界を体験し始めるでしょう。

訳注

ノリッチのジュリアン（女性）……中世英国のカトリック神秘主義者で隠遁者。幻にもとづいて書かれた著書「神の愛の十六の啓示」で知られる。

注

1 ダッチ・シーツ著「天と地を揺るがす祈り」（中村芳子・訳、二〇〇一年八月、マルコーシュ・パブリケーション発行）

2 Teresa of Avila,quoted in Allison E.Peers, Studies of the Spanish Mystics, Vol.1(New York:The Macmillan

Co.,1927),197.

3“Teresa of Avila Lectio,”
http://www.prayingchurch.org/teresa.html(accessed 13 April 2008).

4“Christian Meditation,”
http://en.wikipedia.org/wiki/Christian_meditation(accessed 13 April 2008).

エピローグ　祈りととりなしに関する質疑応答

一　とりなし手という職務ついては、聖書にはっきり書かれているわけではありません。この本は、どのような箇所を根拠にとりなし手について述べているのでしょうか。

　確かに聖書は、とりなし手という肩書きについて正式に述べてはいません。しかし聖書の中には、神さまがとりなし手を求めていたことを示す多くの実例があります。

　イザヤ五九・16には、「主は人のいないのを見、とりなす者のいないのに驚かれた。そこで、ご自分の御腕で救いをもたらし、ご自分の義を、ご自分のささえとされた」とあります。エゼキエル二二・30にも、「わたしがこの国を滅ぼさないように、わたしは、この国のために、わたしの前で石垣を築き、破れ口を修理する者を彼らの間に捜し求めたが、見つからなかった」とあります。

聖書の多くの執筆者、特に預言者たちは、「とりなし手」という肩書きこそ持っていませんでしたが、その生き様によってとりなし手についてはっきりと述べています。その代表的な人物はモーセです。モーセは度々神さまの前に立ち、うなじの強い民のために主の憐れみを乞いました。あるときには神さまがモーセのゆえに、考えを変えたと書かれています。(民数記一四・20参照) 神さまは、破れ口に立ってとりなす者を探し求めています。また、これらの聖書箇所が示唆しているもうひとつのことは、神さまが御国のためにともに働く者を求めているということです。

二　祈りととりなしの違いは何ですか。

旧約聖書の中で「祈り」と訳されている言葉は、ほとんどの場合が「とりなし」とも訳せる同じ言葉です。新約聖書で「祈り」と訳されている言葉は、「礼拝する、請願する、要請する」という意味の言葉ですが、新約聖書における「とりなし」という言葉の定義も、「祈り」と似ています。

旧約聖書で「とりなし」と訳されている「パガ」という言葉は、「偶然または強制的に懇願させる、倒れる、ふと出会う、会合する」という意味であります[注1]。

パガ（とりなし）の強制的な部分を除けば、祈りととりなしの違いはほとんどありません。この強制の意味合いは、祈りの激しい部分を指しているのでしょう。

私は、とりなしとは誰かの代理として嘆願する行為であり、論争を解決しようとする試み、神や聖徒に対する代理の祈りだと考えています。

とりなすということは、権威のある人に対して、誰かの代理として、特に罰を受けるべき人の代理として嘆願することです。渦中の人を助けるために代弁することです。

とりなしは、神さまのところに赴いたり、神さまに会見したり、神さまに何かをしてもらうために嘆願するという意味です。

三　クリスチャンは全員、祈りやとりなしに召されているのですか。

そうです。クリスチャンは、誰でも父なる神との関係を持つように召されています。ということは、自動的に祈るべきだということになります。但しとりなしに関しては、賜物を持っている人とそうでない人がいると思います。賜物とは、神さまから与えられるもののことです。もしあなたがとにかく神さまと一緒にいたいと感じ、祈りの重荷がとても強く与えられているのであれば、とりなしの賜物が与えられているのです。

四　どうして祈るのですか。

覚えていてください。祈りとは神さまとの会話です。私は主人と一緒にいることがとても好きです。私たちの関係はとても素晴らしいもので、一緒に何かをしたり、おしゃべりしたり、人生を分かち合います。神さまは、話し相手やともに過ごす相手を求めているのだと私は思います。神さまは私たちの天のお父様ですから、私たちに御旨を分かち合いたいのです。神さまが御旨を差し出すとき、私たちはその応答として祈りたくなるのです。祈るということは、神さまのパートナーになることです。

いつも喜んでいなさい。絶えず祈りなさい。すべての事について、感謝しなさい。これが、キリスト・イエスにあって神があなたがたに望んでおられることです。（第一テサロニケ五・16）

祈ることは神さまのみこころだと聖書は教えています。

五　ひとつの課題のために、どれくらいの時間祈る必要があるでしょうか。

私の経験から言うと、神さまは一人ひとりに対して、異なる召しを与えておられます。私の場合は、キリストの教会に五職による統治が設置され、それが機能するように祈ることです。ですが（とりなしに召されていない人にも）神さまが一時的に祈りの使命を与えることはあると思います。その使命が完了したかどうかは、どのようにわかるのでしょうか。それはあなたが、その使命から解放されたと感じたときです。

また、祈りの使命が与えられたり、なくなったりする場合もあります。例えば、以前私は数年間、特定の地域やその地域の指導者のために祈っていました。でもしばらくして、一年間だけ祈りの重荷がなくなった期間がありました。ところがある朝、目を覚ました私は、「そういえば、あのリーダーは元気にしているかしら」と思い立ち、再びそのリーダーと地域のために祈る重荷が戻ってきました。私は再び祈り始めたのです。祈りの重荷に関して大切なのは、神さまの語り掛けに敏感であることだと思います。敏感であれば、判断がつくはずです。

六　神のみこころに従って祈っているかどうかは、どうすればわかりますか。

正直なところ、私たちにも当たりハズレがあります。その経験を通して、私たちもどう祈るべきかを学んでいます。祈りのガイドラインとして、絶えず聖書を基準にして祈る必要があります。「**御霊も同じようにして、弱い私たちを助けてくださいます。私たちは、どのように祈ったらよいかわからないのですが、御霊ご自身が、言いようもない深いうめきによって、私たちのためにとりなしてくださいます**」（ローマ八・26）。その人のことは、その人の霊が一番よく知っています。聖霊に関しても同じことです。聖霊は父なる神をよくご存知です。ですから私たちが聖霊と深く交わるなら、みこころにかなった祈りができる確率が高くなります。

私たちは自分で祈りをコントロールしないように、注意しなければなりません。これについては十章で述べています。

七　陣痛に入るべきタイミングを教えてください。

私の場合、陣痛を自分で選択することはありません。陣痛が私を選ぶのです。

八　御霊によって祈るとはどういうことですか。異言の祈りは、どうしたらとりなしになるのでしょうか。

とりなし手にとって、異言は重要な役割を果たします。私は異言で長時間祈ります。私は、散歩をするときに異言の祈りをするのが好きです。散歩し始めると、異言で祈り出します。異言で祈ることによって、聖霊と波長が合うのを感じるからです。祈り続けていると、いろいろな思いが浮かんで来ますが、その浮かんできたことに関して異言で祈り始めます。異言で祈っていても、聖霊との一致がないということは十分あり得ます。その場合、異言で祈ることは、いのちのない単なる行いになってしまいます。でも異言を用いることによって、祈りが効果的になるのは確かです。

あるとき友人が訪ねてきて、祈ってほしいと頼まれました。彼女のために祈り始めると、彼女の耳もとで異言で祈る必要があると感じました。そうし始めたところ、彼女の異言と私の異言の波長がピッタリ一致したのです。彼女は、そのとき直面していた困難を抜け出すことができました。

九　とりなしと宣告―宣告とはどういうものですか。

私は、祈りには二つの方法があると思っています。ひとつは嘆願です。嘆願とは要望することです。そしてもうひとつは宣言です。宣言は、信仰あるいは成就することを信じる信念によるものです。多くのとりなし手は嘆願することは得意ですが、そこから一歩進んで、祈ったことが既に成就したと信仰によって宣言することを知りません。何年か前のことですが、祈っていたときに、嘆願するのはもう止めて宣言すべき時が来たと、とても強く感じたことがありました。そのとき私たちは、神さまの前に要望することから、信仰によって権威を行使することにシフトすべきだったのです。実際に、私たちの権威のレベルがシフトした感覚がありました。私たちはかなり長い間嘆願していたので、宣言すべき時が来ていたのです。

とりなしチームを祈りのためにどこかに連れ出したときは、私はメンバーたちに「この土地に関して、宣言または宣告をしてください」と頼みます。それは預言をするのとよく似ています。宣言の場合、自分の言葉を使って変化を起こすのです。

十　グループで祈る際のコツを教えてください。

人々を招集する場合、いろいろな種類の祈りをすることになります。ある人は神さまを求めて激しく祈るつもりでいますが、ある人は静かに祈りたいと思っています。また、ある人は祈りのリストがほしいと思うかもしれません。そこでリーダーは、基本的なルールを決める必要があります。例えば、課題を決めて祈る場合、リーダーはその課題に関して参加者全員が祈りきったことを確認してから次の課題に進むようにしてください。ある人がある課題について祈り始め、まだその課題について一巡していないのに、別の人が次の課題を祈り始めてしまうケースがよく見られます。その場合、課題を祈りきっていないということです。その課題について祈りたい人がまだ残っているかもしれません。リーダーは、ひとつの課題から別の課題に移る前に、全員がひと通り祈ったかどうかを確認してください。

リーダーは全員に祈る機会が回るよう、グループの人に伝えてください。一部の人だけが祈りを占有すべきではありません。

私の経験では、全員が祈るようにするには、最初に全員を神さまのご臨在に浸らせると上手く行きます。そうすることによって、参加者が神さまの心を捉えることになるからです。臨在に浸ると、祈りの時がより一層充実し、効果的になるのに気づくはずです。

注 1 New American Standard Exhaustive Concordance of the Bible, Hebrew-Aramaic and Greek Dictionary, Robert L. Thomas, Ed., version 2.2, s.v.,, Paga.,,

付録　喜びの特効薬

喜びとは「大きな幸せの感情、または楽しみの感情のことで、特に高揚した感情、または宗教上の感情を言う。」「喜び」に関連した言葉は、他にもあります。歓喜、幸福、楽しみ、至福、法悦、大得意、スリル。「至上の喜び」という言葉の意味は「強い歓喜の感情」です。「至福」の意味は「完全に安らかな幸福」です[注1]。

「喜び」という言葉は、聖書に一八二回登場します。読者のために参考になる箇所をいくつか選び出しました。私としては、本書にこれらの聖句を掲載することには大きな意味があると思っています。それらの聖句は、喜びに満たされた人であることの重要性、また喜ぶために創造された者であることの意義を思い起こさせてくれます。それだけでなく、クリスチャンである私たちにとって、天のお父様がどのような方であるかを地上で体現することは重要だからです。父なる神さまは天から微笑んでおられます。読者のために複数の訳の聖書から抜粋しました。（訳注・口語訳および新共同訳は、旧約の聖書箇所が他の聖書と異なりますが、この「付録」の中では新改訳聖書に合わせて統一してあります。また各聖書箇所は、必ずしも全種類の聖書訳から引用されているわけではありません。）

詩篇二一・6　あなたは、とこしえに彼を祝福し、御前の喜びで彼を楽しませてくださいます。（新改訳）

詩篇六八・3　しかし、正しい者たちは喜び、神の御前で、こおどりせよ。喜びをもって楽しめ。（新改訳）

詩篇一〇〇・2　喜びをもって主に仕えよ。喜び歌いつつ御前に来たれ。（新改訳）

イザヤ五五・12　まことに、あなたがたは喜びをもって出て行き、安らかに導かれて行く。山と丘は、あなたがたの前で喜びの歌声をあげ、野の木々もみな、手を打ち鳴らす。（新改訳）

イザヤ五五・12　あなたがたは喜びをもって出てきて、安らかに導かれて行く。山と丘とはあなたの前に声を放って喜び歌い、野にある木はみな手を打つ。(口語訳)
イザヤ五五・12　あなたたちは喜び祝いながら出で立ち平和のうちに導かれて行く。山と丘はあなたたちを迎え歓声をあげて喜び歌い野の木々も、手をたたく。(新共同訳)
イザヤ五五・12　おまえは喜びと平安に包まれて生活し、山も丘も野の木々も、周囲のものはみな、こおどりして喜ぶ。(リビングバイブル)

エレミヤ一五・16　私はあなたのみことばを見つけ出し、それを食べました。あなたのみことばは、私にとって楽しみとなり、心の喜びとなりました。万軍の神、主よ。私にはあなたの名がつけられているからです。(新改訳)
エレミヤ一五・16　わたしはみ言葉を与えられて、それを食べました。み言葉は、わたしに喜びとなり、心の楽しみとなりました。万軍の神、主よ、わたしは、あなたの名をもってとなえられている者です。(口語訳)
エレミヤ一五・16　あなたの御言葉が見いだされたときわたしはそれをむさぼり食べました。あなたの御言葉は、わたしのものとなりわたしの心は喜び躍りました。万軍の神、主よ。わたしはあなたの御名をもって呼ばれている者です。(新共同訳)

エレミヤ一五・16　神様のおことばは、私をしっかり支えます。それは、ひもじい私のたましいにとっての食べ物です。私の重い心に喜びをもたらし、有頂天にさせてくれます。　神様。私は、神様の預言者にされたことを誇りに思います。（リビングバイブル）

ゼパニヤ三・17　あなたの神、主は、あなたのただ中におられる。救いの勇士だ。主は喜びをもってあなたのことを楽しみ、その愛によって安らぎを与える。主は高らかに歌ってあなたのことを喜ばれる。（新改訳）

ゼパニヤ三・17　あなたの神、主はあなたのうちにいまし、勇士であって、勝利を与えられる。彼はあなたのために喜び楽しみ、その愛によってあなたを新にし、祭の日のようにあなたのために喜び呼ばわられる。（口語訳）

ゼパニヤ三・17　お前の主なる神はお前のただ中におられ勇士であって勝利を与えられる。主はお前のゆえに喜び楽しみ愛によってお前を新たにしお前のゆえに喜びの歌をもって楽しまれる。（新共同訳）

ゼパニヤ三・17　神様が、あなたのうちに住むために来られた。　神様は力ある救い主で、あなたに勝利をお与えになる。あなたのことをことのほか喜び、非常に満足なさる。あなたを愛して、責めるようなことはなさらない。（リビングバイブル）

ゼカリヤ八・19　万軍の主はこう仰せられる。「第四の月の断食、第五の月の断食、第七の月の断食、第十の月の断食は、ユダの家にとっては、楽しみとなり、喜びとなり、うれしい礼祭となる。だから、真実と平和を愛せよ。（新改訳）

ヨハネ一五・11　わたしがこれらのことをあなたがたに話したのは、わたしの喜びがあなたがたのうちにあり、あなたがたの喜びが満たされるためです。（新改訳）

ヨハネ一五・11　わたしがこれらのことを話したのは、わたしの喜びがあなたがたのうちにも宿るため、また、あなたがたの喜びが満ちあふれるためである。（口語訳）

ヨハネ一五・11　これらのことを話したのは、わたしの喜びがあなたがたの内にあり、あなたがたの喜びが満たされるためである。（新共同訳）

ヨハネ一五・11　このことを話したのは、あふれる喜びを共に味わいたいからです。

（リビングバイブル）

ヨハネ一七・13　わたしは今みもとにまいります。わたしは彼らの中でわたしの喜びが全うされ

るために、世にあってこれらのことを話しているのです。(新改訳)
ヨハネ一七・13　今わたしはみもとに参ります。そして世にいる間にこれらのことを語るのは、わたしの喜びが彼らのうちに満ちあふれるためであります。(口語訳)
ヨハネ一七・13　しかし、今、わたしはみもとに参ります。世にいる間に、これらのことを語るのは、わたしの喜びが彼らの内に満ちあふれるようになるためです。(新共同訳)
ヨハネ一七・13　今わたしは、みもとにまいります。彼らの心がわたしの喜びでいっぱいになるようにと、いっしょにいる間は、できるだけのことを話しました。(リビングバイブル)

使徒十三・52　弟子たちは喜びと聖霊に満たされていた。(新改訳)
使徒十三・52　弟子たちは、ますます喜びと聖霊とに満たされていた。(口語訳)
使徒十三・52　他方、弟子たちは喜びと聖霊に満たされていた。(新共同訳)
使徒十三・52　一方、主を信じた人たちは聖霊に満たされ、喜びにあふれていました。(リビングバイブル)

使徒二・28　あなたは、私にいのちの道を知らせ、御顔を示して、私を喜びで満たしてくださる。(新改訳)

使徒一五・3　彼らは教会の人々に見送られ、フェニキヤとサマリヤを通る道々で、異邦人の改宗のことを詳しく話したので、すべての兄弟たちに大きな喜びをもたらした。（新改訳、強調は著者）

使徒一五・3　彼らは教会の人々に見送られ、ピニケ、サマリヤをとおって、道すがら、異邦人たちの改宗の模様をくわしく説明し、すべての兄弟たちを大いに喜ばせた。（口語訳）

使徒一五・3　さて、一行は教会の人々から送り出されて、フェニキアとサマリア地方を通り、道すがら、兄弟たちに異邦人が改宗した次第を詳しく伝え、皆を大いに喜ばせた。（新共同訳）

ローマ一四・17　なぜなら、神の国は飲み食いのことではなく、義と平和と聖霊による喜びだからです。（新改訳）

ローマ一四・17　神の国は飲食ではなく、義と、平和と、聖霊における喜びとである。（口語訳）

ローマ一四・17　神の国は、飲み食いではなく、聖霊によって与えられる義と平和と喜びなのです。（新共同訳）

ローマ一四・17　なぜなら、私たちクリスチャンにとって大切なのは、何を食べるか何を飲むかではなく、正しさと、平安と、聖霊様から来る喜びとに、満ちあふれているかどうかだからです。（リビングバイブル）

ローマ一五・13　どうか、望みの神が、あなたがたを信仰によるすべての喜びと平和をもって満たし、聖霊の力によって望みにあふれさせてくださいますように。（新改訳）
ローマ一五・13　どうか、望みの神が、信仰から来るあらゆる喜びと平安とを、あなたがたに満たし、聖霊の力によって、あなたがたを、望みにあふれさせて下さるように。（口語訳）
ローマ一五・13　希望の源である神が、信仰によって得られるあらゆる喜びと平和とであなたがたを満たし、聖霊の力によって希望に満ちあふれさせてくださるように。（新共同訳）
ローマ一五・13　そこで、私はあなたがた外国人のために祈ります。どうか、希望を与えてくださる神様が、神様を信じているあなたがたを幸せにし、平安で満たしてくださいますように。またどうか、あなたがたに働きかける聖霊様の力によって、神様にある希望にあふれさせてくださいますように。（リビングバイブル）

詩篇五一・12　あなたの救いの喜びを、私に返し、喜んで仕える霊が、私をささえますように。（新改訳、強調は著者）
詩篇五一・12　あなたの救の喜びをわたしに返し、自由の霊をもって、わたしをささえてください。（口語訳）

詩篇五一・12　御救いの喜びを再びわたしに味わわせ自由の霊によって支えてください。（新共同訳）
詩篇五一・12　救いの喜びを再びあざやかにして、心から神様に従おうとする思いに満たしてください。（リビングバイブル）

詩篇一六・11　あなたは私に、いのちの道を知らせてくださいます。あなたの御前には喜びが満ち、あなたの右には、楽しみがとこしえにあります。（新改訳）
詩篇一六・11　あなたはいのちの道をわたしに示される。あなたの前には満ちあふれる喜びがあり、あなたの右には、とこしえにもろもろの楽しみがある。（口語訳）
詩篇一六・11　命の道を教えてくださいます。わたしは御顔を仰いで満ち足り、喜び祝い右の御手から永遠の喜びをいただきます。（新共同訳）
詩篇一六・11　神様は生きる喜びを教え、永遠に伴ってくださることによって、無上の楽しみを経験させてくださいます。（リビングバイブル）

ネヘミヤ八・10　さらに、ネヘミヤは彼らに言った。「行って、上等な肉を食べ、甘いぶどう酒を飲みなさい。何も用意できなかった者にはごちそうを贈ってやりなさい。きょうは、私たちの

主のために聖別された日である。悲しんではならない。あなたがたの力を主が喜ばれるからだ。」（新改訳）

ネヘミヤ八・10　そして彼らに言った、「あなたがたは去って、肥えたものを食べ、甘いものを飲みなさい。その備えのないものには分けてやりなさい。この日はわれわれの主の聖なる日です。憂えてはならない。主を喜ぶことはあなたがたの力です」。（口語訳）

ネヘミヤ八・10　彼らは更に言った。「行って良い肉を食べ、甘い飲み物を飲みなさい。その備えのない者には、それを分け与えてやりなさい。今日は、我らの主にささげられた聖なる日だ。悲しんではならない。主を喜び祝うことこそ、あなたたちの力の源である。」（新共同訳）

ネヘミヤ八・10　ごちそうを食べてお祝いし、貧しい人には施しをする日だ。神様を喜ぶことこそ、あなたがたの力なのだ。　しょんぼりと悲しそうにしていてはいけない。」（リビングバイブル）

第一歴代誌一六・27　尊厳と威光は御前にあり、力と歓喜はみもとにある。（新改訳）

第一歴代誌一六・27　誉と威厳とはその前にあり、力と喜びとはその聖所にある。（口語訳）

第一歴代誌一六・27　御前には栄光と輝きがあり聖所には力と喜びがある。（新共同訳）

第一歴代誌一六・27　尊厳と栄誉は神様の前を進み、力と歓喜は神様のそばを歩む。（リビングバイブル）

マタイ二五・21　その主人は彼に言った。『よくやった。良い忠実なしもべだ。あなたは、わずかな物に忠実だったから、私はあなたにたくさんの物を任せよう。主人の喜びをともに喜んでくれ。』（新改訳、強調は著者）

マタイ二五・21　主人は彼に言った、『良い忠実な僕よ、よくやった。あなたはわずかなものに忠実であったから、多くのものを管理させよう。主人と一緒に喜んでくれ』。（口語訳）

マタイ二五・21　主人は言った。『忠実な良い僕だ。よくやった。お前は少しのものに忠実であったから、多くのものを管理させよう。主人と一緒に喜んでくれ。』（新共同訳）

マタイ二五・21　主人は彼の働きをほめました。『おまえはわずかなお金を忠実に使ったな。今度はもっと大きな責任のある仕事をやろう。私といっしょに喜んでくれ。』（リビングバイブル）

ヘブル一二・2　信仰の創始者であり、完成者であるイエスから目を離さないでいなさい。イエスは、ご自分の前に置かれた喜びのゆえに、はずかしめをものともせずに十字架を忍び、神の御座の右に着座されました。（新改訳）

ヘブル十二・2　信仰の導き手であり、またその完成者であるイエスを仰ぎ見つつ、走ろうではないか。彼は、自分の前におかれている喜びのゆえに、恥をもいとわないで十字架を忍び、神の御座の右に座するに至ったのである。（口語訳）

ヘブル十二・２　信仰の創始者また完成者であるイエスを見つめながら。このイエスは、御自身の前にある喜びを捨て、恥をもいとわないで十字架の死を耐え忍び、神の玉座の右にお座りになったのです。（新共同訳）

ヘブル十二・２　私たちの指導者であり教師であるイエス様から、目を離さないようにしなさい。イエス様は十字架の死のあとの喜びを知って、恥をもいとわず十字架にかかられました。そして今は、神様の王座の隣、名誉ある座についておられるのです。（リビングバイブル）

注

1 The New Webster Encyclopedic Dictionary of the English Language,s.v.,“Joy,” “Ecstasy,” “Bliss.”

著者のミニストリーへの連絡先

www.benij.org

www.happyintercessor.com

www.ibethel.org

■著者紹介

ベニー・ジョンソン

夫ビル・ジョンソンとともに、ベテル教会の主任牧師を務めてきた。ベテルのとりなしチームの総責任者。

ハッピー・インターセッサー

とりなしの祈り手の使命

2015年2月28日　初版発行

著者　ベニー・ジョンソン

翻訳　マルコーシュ翻訳委員会

発売所　マルコーシュ・パブリケーション

滋賀県東近江市種町1626

TEL 0748–43-2750　FAX 0748-43-2757

定価　(1800円+税)

印刷所　モリモト印刷